# Ninja Foodi Grill Kochbuch

*1000-Tage-Ninja-Foodi-Grill-Kochbuch für Anfänger und Fortgeschrittene 2021 | Leckere, schnelle & einfache Rezepte für perfektes Grillen & Luftfritieren im Freien*

Clarew Milner

© Copyright 2021 Clarew Milner - Alle Rechte vorbehalten.

Kein Teil dieses Dokuments darf in irgendeiner Weise reproduziert, vervielfältigt oder übertragen werden, weder elektronisch noch in gedruckter Form. Die Aufzeichnung dieser Publikation ist strengstens untersagt, und jede Speicherung dieses Materials ist nur mit schriftlicher Genehmigung des Herausgebers gestattet. Alle Rechte vorbehalten.

Die hier zur Verfügung gestellten Informationen sind wahrheitsgetreu und konsistent, so dass jegliche Haftung in Bezug auf Unachtsamkeit oder anderweitig durch die Verwendung oder den Missbrauch der hierin enthaltenen Richtlinien, Prozesse oder Anweisungen in der alleinigen und vollständigen Verantwortung des empfangenden Lesers liegt. Unter keinen Umständen kann der Herausgeber für irgendwelche Wiedergutmachungen, Schäden oder finanzielle Verluste, die direkt oder indirekt auf die hierin enthaltenen Informationen zurückzuführen sind, haftbar gemacht werden.

Die jeweiligen Autoren besitzen alle Urheberrechte, die nicht beim Verlag liegen.

**Rechtlicher Hinweis:**

Dieses Buch ist urheberrechtlich geschützt. Es ist nur für den persönlichen Gebrauch bestimmt. Sie dürfen den Inhalt dieses Buches nicht ohne die Zustimmung des Autors oder des Urheberrechtsinhabers verändern, verbreiten, verkaufen, verwenden, zitieren oder paraphrasieren. Bei Zuwiderhandlung werden rechtliche Schritte eingeleitet.

**Hinweis zum Haftungsausschluss:**

Bitte beachten Sie, dass die in diesem Dokument enthaltenen Informationen nur zu Bildungs- und Unterhaltungszwecken dienen. Es wurden alle Anstrengungen unternommen, um genaue, aktuelle und zuverlässige, vollständige Informationen bereitzustellen. Es werden keine Garantien jeglicher Art ausgesprochen oder impliziert. Der Leser nimmt zur Kenntnis, dass der Autor keine rechtliche, finanzielle, medizinische oder professionelle Beratung anbietet.

Durch das Lesen dieses Dokuments erklärt sich der Leser damit einverstanden, dass wir unter keinen Umständen für direkte oder indirekte Verluste verantwortlich sind, die durch die Verwendung der in diesem Dokument enthaltenen Informationen entstehen, einschließlich, aber nicht beschränkt auf Fehler, Auslassungen oder Ungenauigkeiten.

# Inhaltsverzeichnis

Einführung .................... 5
Kapitel 1: Die Grundlagen des Ninja Foodi Grill .................... 6
- Was ist Ninja Foodi Grill? .................... 6
- Das Ninja Foodi Grill Zubehör .................... 7
- Bedienungstasten und Funktionen .................... 8
- Vorteile von Ninja Foodi Gill .................... 10
- Reinigung und Wartung .................... 11

Kapitel 2: Frühstück .................... 13
- Leckere gebackene Haferflocken .................... 13
- Brokkoli-Blumenkohl-Auflauf .................... 14
- Überbackene Kartoffeln .................... 15
- Zucchini-Auflauf .................... 16
- Käse-Ei-Auflauf .................... 17
- Knusprige Frühstückskartoffeln .................... 18
- Griechische Ei-Muffins .................... 19
- Griechische Ei-Muffins .................... 20
- Spinat-Frittata .................... 21
- Quinoa-Ei-Muffins .................... 22

Kapitel 3: Geflügel .................... 23
- Mariniertes Grillhähnchen .................... 23
- Saftige Hähnchenschenkel .................... 25
- Griechisches Huhn vom Grill .................... 26
- Pikante Hähnchenflügel .................... 27
- Gegrillte Hähnchenbrust .................... 28
- Hähnchen-Fleischbällchen .................... 30
- Gebackene Hähnchenbrust .................... 31
- Knusprige Hähnchentender .................... 32
- Ranch-Hähnchenflügel .................... 33
- Einfache Jerk Chicken Wings .................... 34
- Süße & pikante Hähnchenflügel .................... 35
- Kräuter-Hähnchenbrust .................... 36
- Leckere Truthahn-Fleischbällchen .................... 37
- Spinat-Puten-Burger-Patties .................... 38
- Hähnchen-Burger-Patties .................... 39
- Asiatische Hähnchenschenkel .................... 40
- Basilikum-Thymian-Hähnchenbrust .................... 41
- Frikadellen .................... 42
- Knoblauch-Senf-Hähnchen .................... 43
- Würziges Südwest-Huhn .................... 44

Kapitel 4: Rind, Schwein und Lamm .................... 45
- Gegrillte Schweinekoteletts .................... 45
- Marinierte Schweinekoteletts .................... 46
- Kreolische Lammkoteletts .................... 47
- Toskanisches Steak .................... 48
- Asiatische Lammkoteletts .................... 49
- Mexikanisches Steak .................... 50
- Zarte & saftige Frikadellen .................... 51
- Mini-Hackbraten .................... 52
- Leckere Steak-Häppchen .................... 53
- Frikadellen .................... 54
- Senf-Fleischbällchen .................... 55
- Pikante Schweinefleisch-Patties .................... 56
- Knusprige Schweinekoteletts .................... 57
- Kräuter-Schweinekoteletts .................... 58
- Würziges Honig-Schweinekotelett .................... 59
- Saftige Schweinekoteletts .................... 60
- Leichte Schweinefleisch-Häppchen .................... 61
- Leckere Schweinekoteletts .................... 62
- Einfache & leckere Schweinekoteletts .................... 63
- Frikadellen .................... 64

Kapitel 5: Fisch und Meeresfrüchte .................... 65
- Gegrillte Lachspastetchen .................... 65
- Zitronen-Knoblauch-Lachs .................... 66
- Würziges Mahi Mahi .................... 67
- Geschwärzter Kabeljau .................... 68
- Scharfe Garnele .................... 69
- Dijon-Lachsfilets .................... 70

| | |
|---|---|
| Cajun-Fischfilets ................................ 71 | Würzige Tofu-Häppchen ................ 104 |
| Süßer & pikanter Lachs ..................... 72 | Gesunde Karotten-Pommes ............ 105 |
| Leckere Krabbenküchlein ................. 73 | Leckere Kartoffel-Nuggets ............... 106 |
| Zitronen-Pfeffer-Garnele ................... 74 | Zimt-Süßkartoffel-Bissen ................. 107 |
| Pikante Jakobsmuscheln ................... 75 | Pikante Erdnüsse ........................... 108 |
| Gebackener Heilbutt ......................... 76 | Pikante Cashewnüsse ..................... 109 |
| Bagel-Fischfilets ............................... 77 | **Kapitel 8: Dehydrieren ....................... 110** |
| Leckere Thunfischsteaks .................. 78 | Mango-Scheiben ............................ 110 |
| Einfache Zitronen-Pfeffer-Fischfilets ... 79 | Grüne Apfelchips ........................... 111 |
| **Kapitel 6: Gemüse- und Beilagengerichte 80** | Getrocknete Himbeeren .................. 112 |
| Gesunde Spinat-Kasserolle ............... 80 | Avocado-Chips .............................. 113 |
| Leckere Blumenkohlsteaks ................ 81 | Erdbeer-Chips ............................... 114 |
| Würzige Süßkartoffeln ...................... 82 | Süßkartoffel-Chips .......................... 115 |
| Zucchini-Spinat-Auflauf ..................... 83 | Gurken-Chips ................................ 116 |
| Leckere Zucchini-Sticks .................... 84 | Rote Beete-Chips ........................... 117 |
| Gefüllte Paprika ............................... 85 | Karotten-Chips .............................. 118 |
| Würzige Baby-Kartoffeln ................... 86 | Dehydrierte Ananas ....................... 119 |
| Leckere Hasselback-Kartoffeln .......... 87 | Orangefarbene Chips ..................... 120 |
| Pikanter Rosenkohl .......................... 88 | Kiwi-Chips .................................... 121 |
| Mexikanische Kartoffeln .................... 89 | Apfel-Chips ................................... 122 |
| Zucchini-Burger-Patties .................... 90 | Auberginen-Scheiben ..................... 123 |
| Gesunder Spargel ............................ 91 | Squash-Chips ................................ 124 |
| Leichte Kräuterchampignons ............ 92 | **Kapitel 9: Nachspeisen ....................... 125** |
| Gebackene Möhren .......................... 93 | Gewürzte Äpfel .............................. 125 |
| Gebackener Zucchiniauflauf ............. 94 | Blaubeer-Muffins ........................... 126 |
| **Kapitel 7: Snacks & Vorspeisen ............ 95** | Pfundskerl .................................... 127 |
| Gesunde & leckere gebratene Erbsen 95 | Schoko-Mandel-Muffins ................... 128 |
| Lecker gebratene Kichererbsen ........ 96 | Feuchte Brownies .......................... 129 |
| Wurst-Frikadellen ............................ 97 | Einfacher Butterkuchen .................. 130 |
| Einfache Kürbis-Pommes ................. 98 | Gebackene Donuts ........................ 131 |
| Gefüllte Jalapenos ........................... 99 | Erdnussbutter-Muffins .................... 132 |
| Geröstete Nüsse ............................ 100 | Erdbeer-Cobbler ............................ 133 |
| Gesunde Yuca-Pommes .................. 101 | Zitronen-Muffins ............................ 134 |
| Leckere Hähnchen-Patties .............. 102 | **Kapitel 10: 30-Tage-Mahlzeitenplan ....... 135** |
| Einfache Wurstbällchen .................. 103 | **Fazit ................................................ 138** |

# Einführung

Ein weiteres revolutionäres Kochgerät kommt aus der Ninja Familie und ist bekannt als Ninja Foodi Grill. Diese multifunktionalen Kochgeräte können nicht nur grillen, sondern auch braten, rösten, backen und sogar Ihre Lieblingsspeisen dehydrieren. Das Gehäuse der Geräte besteht aus rostfreiem Stahl und der obere gewölbte Deckel ist aus Kunststoff gefertigt. Das Zubehör wie Grillrost, Kochtopf, der Knuspertopf sind mit einer keramischen Antihaftbeschichtung versehen. Er arbeitet mit 1760 Watt und erzeugt eine maximale Temperatur von 500°F bis 510°F beim Garen Ihrer Speisen.

Der Ninja-Grill verfügt über einen 6-Quart-Kochtopf und einen 4-Quart-Knuspertopf. Sie können ihn auch als Dehydrator verwenden und er ermöglicht das Dehydrieren von 18 Scheiben in einem einzigen Kochzyklus. Das digitale Bedienfeld ist leicht ablesbar und jeder kann die Geräte einfach bedienen. Sie müssen nur die gewünschte Kochfunktion auswählen und die Zeit- und Temperatureinstellungen durch Navigieren mit der Auf- und Ab-Pfeiltaste entsprechend den Rezeptanforderungen einstellen. Der ninja foodi verwendet eine schnelle Heißluftzirkulationstechnik, um Speisen schneller und gleichmäßig von allen Seiten zu garen.

Dieses Kochbuch enthält schmackhafte, gesunde und leckere Rezepte, die aus verschiedenen Kategorien wie Frühstück, Geflügel, Rind, Schwein & Lamm, Fisch & Meeresfrüchte, Gemüse & Beilagen, Snacks & Vorspeisen, Dehydratisierung und Desserts stammen. Die Rezepte in diesem Buch sind einzigartig und in einer leicht verständlichen Form geschrieben. Alle Rezepte sind mit ihrer Zubereitungs- und Kochzeit mit Schritt-für-Schritt-Kochanweisungen geschrieben. Die Rezepte in diesem Buch sind am Ende mit Nährwertangaben versehen. Die Nährwertangaben helfen dabei, den Überblick über den täglichen Kalorienverbrauch zu behalten. Das Buch enthält auch einen 30-Tage-Essensplan. Es gibt verschiedene Kochbücher zu diesem Thema auf dem Markt, danke, dass Sie sich für mein Buch entschieden haben. Ich hoffe, Sie lieben und genießen alle Rezepte in diesem Kochbuch geschrieben.

# Kapitel 1: Die Grundlagen des Ninja Foodi Grill

## Was ist Ninja Foodi Grill?

Der Ninja Foodi Grill ist ein fortschrittliches, multifunktionales und revolutionäres Indoor-Kochgerät, das auf dem Markt erhältlich ist. Der Ninja Foodi Grill ist ein vielseitiges Kochgerät, das in der Lage ist, 5 in 1 verschiedene Kochfunktionen auszuführen, wie z.B. Grillen, Air Crisping, Braten, Backen und Dehydrieren Ihrer Lebensmittel. Der Topf ist aus rostfreiem Stahl gefertigt, hat ein Fassungsvermögen von 4 Quart und arbeitet mit 1760 Watt Leistung. Der Ninja Foodi Grill ist mit verschiedenem Kochzubehör ausgestattet, wie z. B. einem antihaftbeschichteten keramischen Grillrost, Crisper-Topf, Kochtopf und einer Reinigungsbürste.

Der Ninja Foodi Grill verwendet Zyklon-Grilltechniken, die Ihr Essen schneller und gleichmäßig von allen Seiten garen. Die überhitzte zyklonale Luft zirkuliert schnell um das Grillgut und sorgt für knusprigeres, gebratenes Grillgut in kürzester Zeit. Er erzeugt 500°F heiße Luft, um Ihr Essen perfekt zu garen. Dank der schnellen Heißluftzirkulation müssen Sie Ihr Essen nie umdrehen, sondern erhalten perfekte, gleichmäßige Garergebnisse. Der Ninja foodi grill verfügt über vier verschiedene Temperatureinstellungen: niedrig, mittel, hoch und maximal. Diese Einstellungen ermöglichen es Ihnen, Ihr Essen präzise zu garen, ohne Rauch in Ihrer Küche zu erzeugen. Über das Grillen hinaus ist der Ninja foodi in der Lage, verschiedene Kochaufgaben zu erfüllen. Er frittiert Ihre Lieblingsspeisen mit sehr wenig Öl und Fetten im Vergleich zur Frittiermethode und macht Ihr Essen von außen knusprig und von innen saftig zart. Sie können Ihr Lieblingshähnchen oder -fleisch braten, Ihre Lieblingskuchen und -kekse backen und Ihre Lieblingsobst-, -gemüse- und -fleischscheiben dehydrieren.

Der Ninja Foodi ist in der Lage, Ihr Tiefkühlgut ohne Auftauen zu garen. Er verwandelt Ihr Tiefkühlgut innerhalb von 25 Minuten in Grillgerichte. Der ninja foodi Grill verfügt über ein digitales Bedienfeldsystem, das die Bedienung des Kochgeräts erleichtert. Sie müssen nur die entsprechenden Kochfunktionen auswählen, die auf dem Bedienfeld angegeben sind, und die gewünschten Zeit- und Temperatureinstellungen gemäß Ihren Rezeptanforderungen einstellen.

# Das Ninja Foodi Grill Zubehör

Der Ninja foodi grill ist mit verschiedenem Zubehör ausgestattet, das Ihren täglichen Kochprozess schneller und einfacher macht. Dieses Zubehör umfasst:

- Crisper-Topf

Der Knuspertopf ist mit einer Antihaft-Keramikbeschichtung versehen und wird beim Luftfritieren Ihrer Lieblingsspeisen wie Pommes frites und Hähnchenflügel oder bei der Zubereitung von knusprigem Rosenkohl mit einer Kombination aus gegrilltem Hähnchen verwendet. Der Knuspertopf wird auch zum Dehydrieren Ihres Lieblingsobstes, Gemüses und Fleischscheiben verwendet. Verwenden Sie bei der Verwendung des Knuspertopfs immer ein Holz- oder Silikonutensil, um Kratzer auf dem Knuspertopf zu vermeiden.

- Kochtopf

Der Kochtopf ist eines der wichtigsten Utensilien des Ninja Foodi Grills, er wird bei der Verwendung dieses Geräts immer installiert. Sie können mit dem Kochtopf einen Grillrost und einen Crisper-Topf verwenden. Der Topf ist mit einer Antihaft-Keramikbeschichtung versehen, die Ihnen die Reinigung erleichtert. Verwenden Sie bei der Verwendung von anderem Zubehör wie Grillrost und Knuspertopf mit Kochtopf Holz- oder Silikonutensilien, um Kratzer auf dem Topf zu vermeiden.

- Grillroste

Die Grillroste sind mit einer keramischen Antihaftbeschichtung versehen und so konzipiert, dass sie sich schnell auf 500°F erhitzen, während der Grill überhitzte Luft in die Garkammer zirkulieren lässt. Der Grillrost hinterlässt Grillspuren auf Ihrem Grillgut und sorgt für ein gleichmäßiges und schnelles Grillergebnis, ohne zu viel Rauch zu erzeugen. Verwenden Sie bei der Verwendung des Grillrosts immer Holz- oder Silikonutensilien, um unerwünschte Kratzer auf dem Grillrost zu vermeiden.

- Haube

Die Haube ist der oberste Teil Ihres ninja foodi grill und besteht aus Heizelementen mit einem Konvektionsventilator, der überhitzte Luft in die Garkammer zirkulieren lässt. Während Sie die Funktionen "Air Crisp", "Braten", "Backen" und "Dehydrieren" verwenden, wird die Lüftergeschwindigkeit automatisch vom ninja foodi grill eingestellt. Die Haube wird mit einem Spritzschutz geliefert, der die Heizelemente vor Spritzern schützt, um unerwünschten Rauch zu vermeiden.

- Fettsammler

Er befindet sich an der Rückseite des ninja foodi grills und dient zum Auffangen des von der Haube eingeschlossenen Fetts. Achten Sie bei der Reinigung Ihres ninja foodi Grills darauf, dass der Fettauffangbehälter leer ist und reinigen Sie ihn während des Reinigungsvorgangs.

# Bedienungstasten und Funktionen

### Bedienungstasten

- Power-Taste

Sobald Sie das Netzkabel in die Steckdose gesteckt haben, schalten Sie das Gerät mit der Netztaste ein. Wenn Sie die Einschalttaste während des Garvorgangs drücken, wird die aktuelle Funktion beendet und das Gerät schaltet sich aus.

- Temp

Diese Funktion wird verwendet, um die Temperatureinstellungen während der Verwendung einer beliebigen Funktion über das Bedienfeld anzupassen. Um diese Funktion zu verwenden, wählen Sie die gewünschte Kochfunktion aus und passen Sie die Temperatureinstellungen durch Drücken der Pfeiltasten temp auf und ab an. Wenn Sie die Grilleinstellungen verwenden, können Sie mit den Aufwärts- und Abwärtspfeiltasten ganz einfach zwischen niedrigen, mittleren, hohen und maximalen Einstellungen navigieren.

- Zeit

Diese Funktion wird verwendet, um die Zeiteinstellungen während der Verwendung einer beliebigen Funktion auf dem Bedienfeld anzupassen. Um diese Funktion zu verwenden, wählen Sie die gewünschte Kochfunktion aus und passen Sie die Zeiteinstellungen an, indem Sie die Pfeiltasten nach oben und unten drücken.

- START/STOP-Taste

Wenn Sie die gewünschte Funktion mit Zeit- und Temperatureinstellungen ausgewählt haben, drücken Sie diese Taste, um den Garvorgang zu starten. Wenn Sie diese Taste während des Garvorgangs drücken, wird der Garvorgang gestoppt.

- **STANDBY-Modus**

Ihr ninja foodi grill geht in den Standby-Modus, wenn das Gerät nicht in Betrieb ist oder wenn Sie 10 Minuten lang keine Interaktion mit dem Bedienfeld vorgenommen haben.

## Funktionen

- **Grill**

Mit dieser Funktion können Sie Ihre Lieblings-Hähnchenbrust, Fleisch, Steaks und mehr grillen. Wenn Sie diese Funktion verwenden, müssen Sie Ihr Essen nie umdrehen. Es macht Ihr Essen knuspriger und verleiht ihm eine braune Textur wie beim normalen Grillen. Um bessere Ergebnisse zu erzielen, müssen Sie Ihren Ninja Foodi Grill 8 Minuten lang vorheizen, bevor Sie das Grillgut auflegen. Um die besten Grillergebnisse zu erzielen, verwenden Sie Grillroste, während Sie diese Funktion nutzen.

- **Luft knusprig**

Diese Funktion ist ideal zum Luftfritieren. Mit dieser Funktion können Sie Ihre Lieblingspommes, Hähnchenflügel und vieles mehr luftfritieren. Der ninja foodi grill lässt sich von oben öffnen, sodass Sie Ihre Pommes frites im Vergleich zu einer normalen Frittcuse leicht wenden können. Sie können den Crisper-Topf einfach in den ninja foodi grill stellen. Es macht Ihr Essen knuspriger von außen und saftig zart von innen.

- **Braten**

Mit dieser Funktion können Sie Ihr Lieblingsfleisch zart machen, kleine Fleischstücke braten, Ihr Lieblingsgemüse rösten und vieles mehr. Es gibt eine schöne Kruste über Ihr Essen und hält Ihr Essen zart und saftig.

- **Backen**

Der ninja foodi Kochtopf fasst eine große 8-Zoll-Backform, so dass Sie einen Kuchen mit einem ninja foodi Grill backen können. Nicht außer einen perfekten Kuchen das Endprodukt kommt heraus ist braun, zart mit der Kruste.

- Dehydrierung

Mit dieser Funktion können Sie Ihre Lieblingsobst-, -gemüse- und -fleischscheiben dehydrieren. Der Ninja Foodi Grill kann 18 Scheiben auf einmal aufnehmen und ein Apfel braucht etwa 7 Stunden, um vollständig zu dehydrieren.

## Vorteile von Ninja Foodi Gill

Die Ninja Foodi Grill geladen mit verschiedenen Vorteilen einige der Vorteile geben wie folgt:

1. Kompakt in der Größe

Der ninja foodi grill ist kompakt und passt problemlos auf die Küchenarbeitsplatte, ohne zu viel Platz einzunehmen. Sie können den ninja foodi grill leicht transportieren und bewegen.

2. Einfach zu bedienen

Der Ninja Foodi Grill kommt mit einem großen digitalen Bedienfeldsystem. Die verschiedenen Funktionen sind auf dem Bedienfeld angegeben. Sie müssen nur die richtige Funktion auswählen und die Zeit- und Temperatureinstellungen gemäß Ihren Rezeptanforderungen anpassen.

3. Multifunktionale Geräte

Die meisten Indoor-Kochgeräte verfügen über multifunktionale Kochfunktionen. Der Ninja Foodi Grill kann nicht nur zum Grillen verwendet werden, sondern auch zum Frittieren, Backen, Braten und Dehydrieren Ihrer Lebensmittel. Sie müssen nie separate Geräte kaufen, um diese einzelnen Kochvorgänge durchzuführen.

4. Gesundes Kochen

Der Ninja Foodi Grill frittiert Ihr Essen mit sehr wenig Fetten und Ölen. Er spart 75 bis 80 % Öl im Vergleich zur traditionellen Frittiermethode. Weniger Fett und Öl bedeutet gesunde Garergebnisse.

5. Kocht Ihr Essen schneller und gleichmäßiger

Der Ninja Foodi Grill arbeitet mit einer schnellen zyklonalen Luftzirkulationstechnologie, bei der überhitzte Luft in der Nähe von ca. 500°F bis 510 °F mit Hilfe eines Konvektionsventilators in die Garkammer zirkuliert wird. Dadurch werden Ihre Speisen schneller gegart und Sie erhalten nach jedem Garvorgang gleichmäßige Garergebnisse.

6. Rauchloses Grillen

Dies ist ein weiterer Vorteil der Verwendung eines Innengrills, da er keinen Rauch erzeugt, wie es beim Grillen im Freien der Fall ist. Wenn Sie keinen Außenbereich haben, dann ist der Ninja Foodi Grill eine der besten Indoor-Grilloptionen, um Ihr Essen zu kochen, ohne Ihre Küche mit Rauch zu füllen.

7. Knackiges und braunes Ergebnis

Der Ninja Foodi Grill kocht Ihr Essen, indem er heiße Luft um das Essen herum zirkulieren lässt, was während des Bräunungsprozesses leckere und köstliche Aromen erzeugt. Es fügt nicht nur Aromen und den Bräunungseffekt hinzu, sondern macht Ihr Essen auch knusprig.

8. Leicht zu reinigen

Alle Zubehörteile wie Grillrost, Knuspertopf und Kochtopf sind mit einer Antihaft-Keramikbeschichtung versehen. So verursachen sie weniger Schmutz und Sie können all diese Zubehörteile leicht in der Spülmaschine reinigen.

# Reinigung und Wartung

Es wird empfohlen, Ihren ninja foodi grill nach jedem Gebrauch zu reinigen. Die folgende Schritt-für-Schritt-Reinigungsanleitung wird Ihnen helfen, Ihren Ninja Foodi Grill leicht zu reinigen.

1. Ziehen Sie vor Beginn der Reinigung den Netzstecker des ninja foodi grill aus der Steckdose und lassen Sie ihn bei Raumtemperatur abkühlen. Für eine schnellere Abkühlung lassen Sie die Haube des ninja foodi grill geöffnet.
2. Nehmen Sie nun das Zubehör wie Grillrost, Knuspertopf, Kochtopf und Spritzschutz zur Reinigung heraus. Alle diese Zubehörteile sind spülmaschinenfest, so dass Sie sie problemlos in der Spülmaschine reinigen können.

3. Sie können dieses Zubehör auch mit Hilfe einer Reinigungsbürste von Hand waschen, um ein besseres Reinigungsergebnis zu erzielen. Sie können das Ende der Reinigungsbürste auch als Schaber verwenden, um Derbies zu entfernen.
4. Sollten sich dennoch Spritzer oder Rückstände auf dem Grillrost, dem Spritzschutz oder einem anderen Teil befinden, weichen Sie dieses Zubehör über Nacht in Seifenwasser ein und reinigen Sie es anschließend mit einer Reinigungsbürste.
5. Verwenden Sie ein weiches, feuchtes Tuch, um das Hauptgerät von außen zu reinigen.
6. Vergewissern Sie sich, dass alle Zubehörteile gut getrocknet sind, bevor Sie sie wieder an ihren ursprünglichen Platz stellen.
7. Jetzt ist Ihr Ninja Foodi Grill bereit für den nächsten Einsatz.

# Kapitel 2: Frühstück

## Leckere gebackene Haferflocken

Zubereitungszeit: 10 Minuten
Kochzeit: 40 Minuten
Servieren: 8

### Zutaten:

- 2 Eier
- 2 Tassen altmodische Haferflocken
- 1/4 Tasse Mandeln, in Scheiben geschnitten
- 1/4 Tasse getrocknete Kirschen
- 1/4 Tasse getrocknete Heidelbeeren
- 1 Teelöffel gemahlener Zimt
- 1/4 Tasse Rapsöl
- 3/4 Tasse brauner Zucker
- 3 Tassen Milch
- 1 Teelöffel Salz

### Wegbeschreibung:

1. Verquirlen Sie in einer Rührschüssel Eier mit Milch, Zucker, Öl, Zimt und Salz.
2. Haferflocken, Kirschen und Heidelbeeren unterrühren.
3. Übertragen Sie die Hafermischung in die gefettete Auflaufform. Decken Sie die Form ab und stellen Sie sie über Nacht in den Kühlschrank.
4. Setzen Sie den Kochtopf in das Gerät ein.
5. Wählen Sie den Backmodus, stellen Sie die Temperatur auf 350 F und die Zeit auf 40 Minuten ein. Drücken Sie start, um mit dem Vorheizen zu beginnen.
6. Backform aus dem Kühlschrank nehmen, während das Gerät heizt. Haferflocken umrühren und mit gehobelten Mandeln bestreuen.
7. Sobald das Gerät vorgeheizt ist, stellen Sie die Auflaufform in den Kochtopf. Verschließen Sie sie mit einem Deckel und garen Sie sie 40 Minuten lang.
8. Servieren und genießen.

### Nährwert (Menge pro Portion):

- Kalorien 271
- Fett 12,6 g
- Kohlenhydrate 33,6 g
- Zucker 18,2 g
- Eiweiß 7,7 g
- Cholesterin 48 mg

# Brokkoli-Blumenkohl-Auflauf

Zubereitungszeit: 10 Minuten
Kochzeit: 50 Minuten
Servieren: 8

**Zutaten:**

- 3 Eier, leicht verquirlt
- 12 oz Brokkoli-Röschen
- 12 oz Blumenkohl-Röschen
- 8 oz Velveeta-Käse, gewürfelt
- 1/2 Tasse Milch
- 2 Esslöffel Mehl
- 1 kleine Zwiebel, gehackt
- 2 Esslöffel Butter
- 1/4 Teelöffel Salz

**Wegbeschreibung:**

1. Schmelzen Sie die Butter in einem Kochtopf bei mittlerer bis hoher Hitze.
2. Zwiebel hinzufügen und 2-3 Minuten anbraten. Mehl einrühren, bis es gut vermischt ist.
3. Milch hinzufügen und gut verquirlen. Zum Kochen bringen, ständig rühren und 1-2 Minuten kochen.
4. Salz und Käse einrühren, bis der Käse geschmolzen ist.
5. Topf vom Herd nehmen. Langsam die Eier einrühren. Brokkoli und Blumenkohl hinzufügen und gut umrühren. Mischung in die gefettete Auflaufform geben.
6. Setzen Sie den Kochtopf in das Gerät ein.
7. Wählen Sie den Backmodus, stellen Sie die Temperatur auf 325 F und die Zeit auf 50 Minuten ein. Drücken Sie start, um mit dem Vorheizen zu beginnen.
8. Sobald das Gerät vorgeheizt ist, stellen Sie die Auflaufform in den Kochtopf. Verschließen Sie sie mit einem Deckel und garen Sie sie 50 Minuten lang.
9. Servieren und genießen.

**Nährwert (Menge pro Portion):**

- Kalorien 173
- Fett 11,1 g
- Kohlenhydrate 11,3 g
- Zucker 5 g
- Eiweiß 10 g
- Cholesterin 91 mg

# Überbackene Kartoffeln

Zubereitungszeit: 10 Minuten
Kochzeit: 50 Minuten
Servieren: 6

**Zutaten:**

- 4 Tassen Kartoffeln, geschält & in Scheiben geschnitten
- 1 Tasse Zwiebeln, in Scheiben geschnitten
- ½ Tasse Cheddar-Käse, geraspelt
- 1 ½ Tassen Milch
- 3 Esslöffel Mehl
- 2 Esslöffel Butter
- ¼ Teelöffel Pfeffer
- 1 Teelöffel Salz

**Wegbeschreibung:**

1. Butter in einem Topf bei mittlerer Hitze schmelzen. Mehl, Pfeffer und Salz hinzufügen und glatt rühren. Langsam die Milch einrühren. Zum Kochen bringen, 2 Minuten lang ständig rühren.
2. Nehmen Sie den Topf vom Herd. Käse hinzufügen und rühren, bis der Käse geschmolzen ist.
3. Die Hälfte der Kartoffelscheiben in einer gefetteten Auflaufform anordnen, dann mit ½ Tasse Zwiebel und der Hälfte der Käsesauce schichten. Wiederholen Sie die Schichten.
4. Setzen Sie den Kochtopf in das Gerät ein.
5. Wählen Sie den Backmodus, stellen Sie die Temperatur auf 350 F und die Zeit auf 50 Minuten ein. Drücken Sie start, um mit dem Vorheizen zu beginnen.
6. Sobald das Gerät vorgeheizt ist, stellen Sie die Auflaufform in den Kochtopf. Verschließen Sie sie mit einem Deckel und garen Sie sie 50 Minuten lang.
7. Servieren und genießen.

**Nährwert (Menge pro Portion):**

- Kalorien 194
- Fett 8,4 g
- Kohlenhydrate 23,7 g
- Zucker 4,8 g
- Eiweiß 6,7 g
- Cholesterin 25 mg

## Zucchini-Auflauf

Zubereitungszeit: 10 Minuten
Kochzeit: 25 Minuten
Servieren: 6

**Zutaten:**

- 2 Eier, leicht verquirlt
- 1 Tasse Colby-Monterey-Jack-Käse, zerkleinert
- 1 ½ Tassen Cracker, zerkleinert
- 1 Zwiebel, gehackt
- 7 Tassen Zucchini, gewürfelt
- ¼ Tasse Butter
- ¼ Teelöffel Pfeffer
- 1 Teelöffel Salz

**Wegbeschreibung:**

1. Schmelzen Sie 2 Esslöffel Butter in einer Pfanne bei mittlerer Hitze.
2. Zwiebel und Zucchini hinzufügen und 10-12 Minuten kochen oder bis sie weich sind. Pfanne vom Herd nehmen und abkühlen lassen.
3. Schmelzen Sie die restliche Butter. In einer kleinen Schüssel zerbröselte Cracker und geschmolzene Butter mischen.
4. Mischen Sie in einer Rührschüssel Eier, Käse, gebratene Zucchini und Zwiebel, Pfeffer und Salz.
5. Zucchinimischung in die gefettete Auflaufform geben. Mit zerkleinerten Crackern bestreuen.
6. Setzen Sie den Kochtopf in das Gerät ein.
7. Wählen Sie den Backmodus, stellen Sie die Temperatur auf 350 F und die Zeit auf 25 Minuten ein. Drücken Sie start, um mit dem Vorheizen zu beginnen.
8. Sobald das Gerät vorgeheizt ist, stellen Sie die Auflaufform in den Kochtopf. Verschließen Sie sie mit einem Deckel und garen Sie sie 25 Minuten lang.
9. Servieren und genießen.

**Nährwert (Menge pro Portion):**

- Kalorien 269
- Fett 19,4 g
- Kohlenhydrate 16,3 g
- Zucker 3,6 g
- Eiweiß 9,4 g
- Cholesterin 93 mg

## Käse-Ei-Auflauf

Zubereitungszeit: 10 Minuten
Kochzeit: 25 Minuten
Servieren: 4

### Zutaten:

- 8 Eier, leicht verquirlt
- 1 Tasse Cheddar-Käse, geraspelt
- ¼ Teelöffel Pfeffer
- ¼ Tasse Tomatillo-Salsa
- 2 Esslöffel Butter, geschmolzen
- ¼ Tasse Milch
- 1 Tasse Schinken, in 1-Zoll-Stücke gewürfelt
- ½ Teelöffel Salz

### Wegbeschreibung:

1. Verquirlen Sie in einer Schüssel Eier mit Salsa, Butter, Milch, Schinken, Pfeffer und Salz.
2. Eiermasse in die gefettete Auflaufform gießen und mit Käse belegen.
3. Setzen Sie den Kochtopf in das Gerät ein.
4. Wählen Sie den Backmodus, stellen Sie die Temperatur auf 375 F und die Zeit auf 25 Minuten ein. Drücken Sie start, um mit dem Vorheizen zu beginnen.
5. Sobald das Gerät vorgeheizt ist, stellen Sie die Auflaufform in den Kochtopf. Verschließen Sie sie mit einem Deckel und garen Sie sie 25 Minuten lang.
6. Servieren und genießen.

### Nährwert (Menge pro Portion):

- Kalorien 365
- Fett 27,1 g
- Kohlenhydrate 3,6 g
- Zucker 1,5 g
- Eiweiß 24,4 g
- Cholesterin 393 mg

## Knusprige Frühstückskartoffeln

Zubereitungszeit: 10 Minuten
Zubereitungszeit: 23 Minuten
Servieren: 6

**Zutaten:**

- 2 lbs Kartoffeln, schälen und in ½-Zoll-Würfel schneiden
- 1 Esslöffel Petersilie, gehackt
- ½ Teelöffel Zwiebelpulver
- ½ Teelöffel Paprika
- ½ Teelöffel Knoblauchpulver
- ¼ Teelöffel Pfeffer
- 3 Esslöffel Olivenöl
- 1 Teelöffel koscheres Salz

**Wegbeschreibung:**

1. Geben Sie die Kartoffeln und die restlichen Zutaten in eine große Rührschüssel und mischen Sie sie gut.
2. Kartoffeln in die Auflaufform geben.
3. Setzen Sie den Kochtopf in das Gerät ein.
4. Wählen Sie den Backmodus, stellen Sie die Temperatur auf 400 F und die Zeit auf 23 Minuten ein. Drücken Sie start, um mit dem Vorheizen zu beginnen.
5. Sobald das Gerät vorgeheizt ist, stellen Sie die Auflaufform in den Kochtopf. Mit einem Deckel verschließen und 23 Minuten garen. Rühren Sie die Kartoffeln nach der Hälfte der Zeit um.
6. Servieren und genießen.

**Nährwert (Menge pro Portion):**

- Kalorien 167
- Fett 7,2 g
- Kohlenhydrate 24,3 g
- Zucker 1,9 g
- Eiweiß 2,7 g
- Cholesterin 0 mg

# Griechische Ei-Muffins

Zubereitungszeit: 10 Minuten
Kochzeit: 20 Minuten
Servieren: 6

**Zutaten:**

- 6 Eier
- 1/4 Tasse frisches Basilikum, gehackt
- 1/3 Tasse sonnengetrocknete Tomaten, zerkleinert
- 1/3 Tasse Feta-Käse, zerbröckelt
- Pfeffer
- Salz

**Wegbeschreibung:**

1. Verquirlen Sie in einer Schüssel Eier mit Tomaten, Käse, Basilikum, Pfeffer und Salz.
2. Gießen Sie die Eimischung in die 6 Silikonmuffinförmchen.
3. Setzen Sie den Kochtopf in das Gerät ein.
4. Wählen Sie den Backmodus, stellen Sie die Temperatur auf 375 F und die Zeit auf 20 Minuten ein. Drücken Sie start, um mit dem Vorheizen zu beginnen.
5. Sobald das Gerät vorgeheizt ist, setzen Sie die Muffinformen in den Kochtopf. Mit einem Deckel verschließen und 20 Minuten lang kochen.
6. Servieren und genießen.

**Nährwert (Menge pro Portion):**

- Kalorien 87
- Fett 6,2 g
- Kohlenhydrate 1,1 g
- Zucker 0,9 g
- Eiweiß 6,8 g
- Cholesterin 171 mg

# Griechische Ei-Muffins

Zubereitungszeit: 10 Minuten
Kochzeit: 25 Minuten
Servieren: 6

### Zutaten:

- 1 Tasse Eiweiß
- 1 geröstete rote Paprika, gehackt
- 1 Tasse Babyspinat, gehackt
- 1 grüne Zwiebeln, gehackt
- 2 Esslöffel Fetakäse, zerbröckelt
- 6 Oliven, entsteint & gehackt
- Pfeffer
- Salz

### Wegbeschreibung:

1. Verteilen Sie Oliven, Paprika und Spinat in 6 Silikonmuffinförmchen.
2. Verquirlen Sie in einer Schüssel das Eiweiß mit grünen Zwiebeln, Fetakäse, Pfeffer und Salz.
3. Gießen Sie die Eimischung in die vorbereiteten Muffinförmchen.
4. Setzen Sie den Kochtopf in das Gerät ein.
5. Wählen Sie den Backmodus, stellen Sie die Temperatur auf 350 F und die Zeit auf 25 Minuten ein. Drücken Sie start, um mit dem Vorheizen zu beginnen.
6. Sobald das Gerät vorgeheizt ist, setzen Sie die Muffinformen in den Kochtopf. Mit einem Deckel verschließen und 25 Minuten lang garen.
7. Servieren und genießen.

### Nährwert (Menge pro Portion):

- Kalorien 40
- Fett 1,3 g
- Kohlenhydrate 1,8 g
- Zucker 1 g
- Eiweiß 5,2 g
- Cholesterin 3 mg

# Spinat Frittata

Zubereitungszeit: 10 Minuten
Kochzeit: 20 Minuten
Servieren: 6

**Zutaten:**

- 6 Eier
- 1/2 Tasse gefrorener Spinat, aufgetaut und abgetropft
- 1/2 Teelöffel Knoblauchpulver
- 1 Teelöffel Oregano
- 1/4 Tasse Milch
- 1/4 Tasse Feta-Käse, zerbröckelt
- 1/2 Tasse Oliven, gehackt
- 1/2 Tasse Tomaten, gewürfelt
- 1/4 Teelöffel Salz

**Wegbeschreibung:**

1. Verquirlen Sie in einer Schüssel die Eier mit Oregano, Knoblauchpulver, Milch, Pfeffer und Salz, bis sie gut vermischt sind.
2. Oliven, Feta, Tomaten und Spinat hinzufügen und gut umrühren.
3. Gießen Sie die Eiermasse in die gefettete Auflaufform.
4. Setzen Sie den Kochtopf in das Gerät ein.
5. Wählen Sie den Backmodus, stellen Sie die Temperatur auf 400 F und die Zeit auf 20 Minuten ein. Drücken Sie start, um mit dem Vorheizen zu beginnen.
6. Sobald das Gerät vorgeheizt ist, stellen Sie die Auflaufform in den Kochtopf. Verschließen Sie sie mit einem Deckel und garen Sie sie 20 Minuten lang.
7. Servieren und genießen.

**Nährwert (Menge pro Portion):**

- Kalorien 102
- Fett 7,2 g
- Kohlenhydrate 2,8 g
- Zucker 1,5 g
- Eiweiß 7,1 g
- Cholesterin 170 mg

## Quinoa-Ei-Muffins

Zubereitungszeit: 10 Minuten
Kochzeit: 25 Minuten
Servieren: 6

### Zutaten:

- 3 Eier
- 1 1/2 Tassen gemischtes Gemüse, gekocht
- 1/2 Tasse Feta-Käse, zerbröckelt
- 1 Tasse Eiweiß
- 1/2 Tasse frische Petersilie, gehackt
- 1 Esslöffel Zwiebelpulver
- 1 Tasse gekochte Quinoa
- Pfeffer
- Salz

### Wegbeschreibung:

1. In einer Schüssel Eiweiß und Eier verquirlen. Die restlichen Zutaten hinzufügen und gut verrühren.
2. Gießen Sie die Eimischung in die 6 Silikonmuffinförmchen.
3. Setzen Sie den Kochtopf in das Gerät ein.
4. Wählen Sie den Backmodus, stellen Sie die Temperatur auf 350 F und die Zeit auf 25 Minuten ein. Drücken Sie start, um mit dem Vorheizen zu beginnen.
5. Sobald das Gerät vorgeheizt ist, setzen Sie die Muffinformen in den Kochtopf. Mit einem Deckel verschließen und 25 Minuten lang garen.
6. Servieren und genießen.

### Nährwert (Menge pro Portion):

- Kalorien 218
- Fett 6,8 g
- Kohlenhydrate 24,8 g
- Zucker 1,4 g
- Eiweiß 14,1 g
- Cholesterin 93 mg

# Kapitel 3: Geflügel

## Mariniertes Grillhähnchen

Zubereitungszeit: 10 Minuten
Kochzeit: 12 Minuten
Servieren: 6

**Zutaten:**

- 6 Hühnerbrüste
- 2 Teelöffel Knoblauchpulver
- 1/2 Teelöffel schwarzer Pfeffer
- 2 Esslöffel Dijon-Senf
- 2 Teelöffel getrockneter Rosmarin
- 3/4 Tasse brauner Zucker
- 2 Esslöffel frischer Zitronensaft
- 1/4 Tasse Worcestershire-Sauce
- 1/4 Tasse Sojasauce
- 1/2 Tasse Balsamico-Essig
- 1/2 Tasse Olivenöl
- 2 Teelöffel Salz

**Wegbeschreibung:**

1. Geben Sie alle Zutaten außer dem Hähnchen in die große Rührschüssel und mischen Sie sie, bis sie gut miteinander verbunden sind.
2. Geben Sie das Hähnchen in den Zip-Lock-Beutel und gießen Sie die Marinade über das Hähnchen. Den Beutel verschließen, gut schütteln und über Nacht in den Kühlschrank stellen.
3. Stellen Sie den Kochtopf in das Gerät und legen Sie dann die Grillplatte in den Topf.
4. Wählen Sie den Grillmodus, stellen Sie die Temperatur auf mittel und die Zeit auf 8 Minuten ein. Drücken Sie start, um mit dem Vorheizen zu beginnen.
5. Sobald das Gerät vorgeheizt ist, legen Sie das marinierte Hähnchen auf die Grillplatte. Mit einem Deckel verschließen und 6 Minuten lang garen.
6. Nach 6 Minuten das Hähnchen umdrehen, mit einem Deckel abdecken und weitere 6 Minuten garen.
7. Servieren und genießen.

**Nährwert (Menge pro Portion):**

- Kalorien 520
- Fett 28 g
- Kohlenhydrate 22,2 g
- Zucker 20,2 g
- Eiweiß 43,4 g
- Cholesterin 130 mg

## Saftige Hähnchenschenkel

Zubereitungszeit: 10 Minuten
Kochzeit: 14 Minuten
Servieren: 2

### Zutaten:

- 1 Pfund Hähnchenschenkel, ohne Knochen und ohne Haut
- Für die Marinade:
- 1/2 Teelöffel Knoblauch, gehackt
- 1/2 Teelöffel getrockneter Rosmarin
- 1/2 Teelöffel Zitronenpfeffergewürz
- 1/2 Esslöffel Sojasauce
- 1/2 Esslöffel Dijon-Senf
- 1/2 Esslöffel Balsamico-Essig
- 1/2 Esslöffel brauner Zucker
- 1 1/2 Esslöffel Olivenöl

### Wegbeschreibung:

1. Geben Sie alle Zutaten für die Marinade in den Zip-Lock-Beutel und mischen Sie sie gut.
2. Hähnchenschenkel in die Marinade geben. Beutel verschließen, gut schütteln und über Nacht in den Kühlschrank stellen.
3. Stellen Sie den Kochtopf in das Gerät und legen Sie dann die Grillplatte in den Topf.
4. Wählen Sie den Grillmodus, stellen Sie die Temperatur auf mittel und die Zeit auf 8 Minuten ein. Drücken Sie start, um mit dem Vorheizen zu beginnen.
5. Sobald das Gerät vorgeheizt ist, legen Sie das marinierte Hähnchen auf die Grillplatte. Mit einem Deckel verschließen und 7 Minuten lang garen.
6. Drehen Sie das Huhn nach 7 Minuten um, decken Sie es mit einem Deckel ab und kochen Sie es weitere 7 Minuten oder bis die Innentemperatur des Huhns 165 F erreicht hat.
7. Servieren und genießen.

### Nährwert (Menge pro Portion):

- Kalorien 538
- Fett 27,5 g
- Kohlenhydrate 3,5 g
- Zucker 2,3 g
- Eiweiß 66,1 g
- Cholesterin 202 mg

# Griechisches Huhn vom Grill

Zubereitungszeit: 10 Minuten
Kochzeit: 10 Minuten
Servieren: 4

**Zutaten:**

- 4 Hähnchenbrüste, ohne Knochen und ohne Haut
- 1/2 Teelöffel getrockneter Rosmarin
- 1/2 Teelöffel getrockneter Thymian
- 1/2 Teelöffel getrocknetes Basilikum
- 2 Teelöffel getrockneter Oregano
- 1 Esslöffel Knoblauch, gehackt
- 1/3 Tasse frischer Zitronensaft
- 1 Esslöffel Zitronenschale
- 1/3 Tasse Olivenöl
- Pfeffer
- Salz

**Wegbeschreibung:**

1. Geben Sie alle Zutaten außer dem Hähnchen in den Zip-Lock-Beutel und mischen Sie sie gut.
2. Geben Sie das Hähnchen in den Zip-Lock-Beutel. Beutel verschließen, gut schütteln und über Nacht in den Kühlschrank stellen.
3. Stellen Sie den Kochtopf in das Gerät und legen Sie dann die Grillplatte in den Topf.
4. Wählen Sie den Grillmodus, stellen Sie die Temperatur auf hoch und stellen Sie die Zeit auf 6 Minuten. Drücken Sie start, um mit dem Vorheizen zu beginnen.
5. Sobald das Gerät vorgeheizt ist, legen Sie das marinierte Hähnchen auf die Grillplatte. Mit einem Deckel verschließen und 5 Minuten lang garen.
6. Drehen Sie das Huhn nach 5 Minuten um, decken Sie es mit einem Deckel ab und kochen Sie es weitere 5 Minuten oder bis die Innentemperatur des Huhns 165 F erreicht hat.
7. Servieren und genießen.

**Nährwert (Menge pro Portion):**

- Kalorien 434
- Fett 27,9 g
- Kohlenhydrate 2,1 g
- Zucker 0,6 g
- Eiweiß 42,7 g
- Cholesterin 130 mg

## Pikante Hähnchenflügel

Zubereitungszeit: 10 Minuten
Kochzeit: 45 Minuten
Servieren: 6

**Zutaten:**

- 3 Pfund Hähnchenflügel, mit einem Papiertuch trocken tupfen
- 2 Teelöffel Backpulver
- 1/2 Teelöffel Pfeffer
- 3 Esslöffel Butter
- 1 Tasse Frank's rote scharfe Sauce
- 1/2 Teelöffel Knoblauchpulver
- 1/2 Teelöffel Salz

**Wegbeschreibung:**

1. In einer großen Schüssel Backpulver, Knoblauchpulver, Pfeffer und Salz mischen. Hähnchenflügel hinzufügen und gut durchschwenken.
2. Setzen Sie den Kochtopf in das Gerät ein.
3. Wählen Sie den Backmodus, stellen Sie die Temperatur auf 450 F und die Zeit auf 25 Minuten ein. Drücken Sie start, um mit dem Vorheizen zu beginnen.
4. Sobald das Gerät vorgeheizt ist, legen Sie die Hähnchenflügel in den Gartopf. Mit einem Deckel verschließen und 25 Minuten lang garen. Hähnchenflügel wenden und weitere 20 Minuten garen.
5. Schmelzen Sie die Butter in einer Pfanne bei mittlerer Hitze. Geben Sie die geschmolzene Butter und die scharfe Soße in eine große Schüssel und mischen Sie sie gut.
6. Geben Sie die Hähnchenflügel in die Soße und schwenken Sie sie gut, um sie zu überziehen.
7. Servieren und genießen.

**Nährwert (Menge pro Portion):**

- Kalorien 489
- Fett 22,7 g
- Kohlenhydrate 1,7 g
- Zucker 0,5 g
- Eiweiß 65,9 g
- Cholesterin 217 mg

## Gegrillte Hähnchenbrust

Zubereitungszeit: 10 Minuten
Kochzeit: 20 Minuten
Servieren: 6

### Zutaten:

- 1 1/2 lbs Hühnerbrust
- 2 Limettenschalen
- 2 Limettensaft
- 1/4 Tasse Olivenöl
- 2 Knoblauchzehen, gehackt
- 1 Teelöffel Tomatenmark
- 1/2 Teelöffel Zwiebelpulver
- 1 Teelöffel gemahlener Kreuzkümmel
- 1 Teelöffel geräucherter Paprika
- 2 Chipotle-Paprikaschoten
- Salz

### Wegbeschreibung:

1. Geben Sie alle Zutaten außer dem Hähnchen in den Mixer und pürieren Sie sie, bis sie gut vermischt sind.
2. Geben Sie das Hähnchen in den Zip-Lock-Beutel und gießen Sie die gemischte Mischung über das Hähnchen. Verschließen Sie den Beutel und schütteln Sie ihn gut, um das Huhn zu bedecken.
3. Lassen Sie das Huhn über Nacht marinieren.
4. Stellen Sie den Kochtopf in das Gerät und legen Sie dann die Grillplatte in den Topf.
5. Wählen Sie den Grillmodus, stellen Sie die Temperatur auf mittel und die Zeit auf 8 Minuten ein. Drücken Sie start, um mit dem Vorheizen zu beginnen.
6. Sobald das Gerät vorgeheizt ist, legen Sie das marinierte Hähnchen auf die Grillplatte. Mit einem Deckel verschließen und 10 Minuten lang garen.
7. Drehen Sie das Huhn nach 10 Minuten um, decken Sie es mit einem Deckel ab und kochen Sie es weitere 10 Minuten oder bis die Innentemperatur des Huhns 165 F erreicht hat.
8. Servieren und genießen.

### Nährwert (Menge pro Portion):

- Kalorien 216
- Fett 11,4 g
- Kohlenhydrate 3,8 g
- Zucker 1,3 g
- Eiweiß 24,6 g
- Cholesterin 73 mg

## Huhn-Frikadellen

Zubereitungszeit: 10 Minuten
Kochzeit: 25 Minuten
Servieren: 6

**Zutaten:**

- 1 lb gemahlenes Huhn
- 1/4 Tasse Mandelmehl
- 1/2 Limettenschale
- 2 Frühlingszwiebeln, gehackt
- 1/4 Tasse Koriander, gehackt
- 1 Teelöffel Ingwer-Knoblauch-Paste
- 1 Teelöffel Chili, gehackt
- 1 Esslöffel Fischsauce
- Pfeffer
- Salz

**Wegbeschreibung:**

1. Geben Sie alle Zutaten in die große Schüssel und mischen Sie sie, bis sie gut miteinander verbunden sind.
2. Aus der Fleischmischung 30 Bällchen formen.
3. Setzen Sie den Kochtopf in das Gerät ein.
4. Wählen Sie den Backmodus, stellen Sie die Temperatur auf 390 F und die Zeit auf 25 Minuten ein. Drücken Sie start, um mit dem Vorheizen zu beginnen.
5. Wenn das Gerät vorgeheizt ist, geben Sie die Frikadellen in den Kochtopf. Mit einem Deckel verschließen und 25 Minuten lang garen.
6. Servieren und genießen.

**Nährwert (Menge pro Portion):**

- Kalorien 158
- Fett 6,4 g
- Kohlenhydrate 1,4 g
- Zucker 0,3 g
- Eiweiß 22,6 g
- Cholesterin 67 mg

## Gebackene Hähnchenbrust

Zubereitungszeit: 10 Minuten
Kochzeit: 20 Minuten
Servieren: 3

### Zutaten:

- 3 Hähnchenbrüste, ohne Haut und ohne Knochen
- 1/2 Teelöffel gemahlener schwarzer Pfeffer
- 1/2 Teelöffel Knoblauchpulver
- 1/2 Teelöffel Paprika
- 1/2 Teelöffel italienisches Gewürz
- 2 Esslöffel Olivenöl
- 1/2 Teelöffel Salz

### Wegbeschreibung:

1. Für die Salzlake: 2 Esslöffel Salz und warmes Wasser in eine große Schüssel geben und umrühren, bis das Salz aufgelöst ist. Hähnchenbrüste in die Salzlake geben und 30 Minuten ziehen lassen.
2. Nehmen Sie das Huhn aus der Salzlake und tupfen Sie es mit einem Papiertuch trocken.
3. Hähnchenbrüste mit Öl bepinseln.
4. Mischen Sie in einer kleinen Schüssel Knoblauchpulver, Paprika, italienische Gewürze, Pfeffer und Salz.
5. Streuen Sie die Gewürzmischung über die Hähnchenbrüste.
6. Setzen Sie den Kochtopf in das Gerät ein.
7. Wählen Sie den Backmodus, stellen Sie die Temperatur auf 450 F und die Zeit auf 20 Minuten ein. Drücken Sie start, um mit dem Vorheizen zu beginnen.
8. Sobald das Gerät vorgeheizt ist, legen Sie das Hähnchen in den Gartopf. Mit einem Deckel verschließen und 20 Minuten lang garen.
9. Servieren und genießen.

### Nährwert (Menge pro Portion):

- Kalorien 363
- Fett 20,4 g
- Kohlenhydrate 0,9 g
- Zucker 0,2 g
- Eiweiß 42,4 g
- Cholesterin 130 mg

# Knusprige Hähnchentender

Zubereitungszeit: 10 Minuten
Kochzeit: 15 Minuten
Servieren: 6

### Zutaten:

- 1 Ei
- 1 lb Hähnchenbrust, ohne Knochen & in Stücke geschnitten
- 1 Teelöffel Zwiebelpulver
- 1 Teelöffel Knoblauchpulver
- 1 1/2 Teelöffel Paprika
- 1/4 Tasse gemahlenes Leinsamenmehl
- 1/2 Tasse Parmesankäse, gerieben
- 1 1/2 Tassen Mandelmehl
- Pfeffer
- Salz

### Wegbeschreibung:

1. Hähnchenteile mit Pfeffer und Salz würzen.
2. Mischen Sie in einer flachen Schale Parmesankäse, Mandelmehl, Zwiebelpulver, Knoblauchpulver, Leinsamenmehl, Pfeffer und Salz. Beiseite stellen.
3. Ei in einer separaten Schüssel hinzufügen und gut verquirlen.
4. Tauchen Sie jedes Hähnchenstück in Ei und bestreichen Sie es dann mit der Käsemischung.
5. Setzen Sie den Kochtopf in das Gerät ein.
6. Wählen Sie den Backmodus, stellen Sie die Temperatur auf 350 F und die Zeit auf 15 Minuten ein. Drücken Sie start, um mit dem Vorheizen zu beginnen.
7. Sobald das Gerät vorgeheizt ist, legen Sie die beschichteten Hähnchenteile in den Gartopf. Mit einem Deckel verschließen und 15 Minuten garen.
8. Servieren und genießen.

### Nährwert (Menge pro Portion):

- Kalorien 185
- Fett 9 g
- Kohlenhydrate 4,5 g
- Zucker 0,6 g
- Eiweiß 22,1 g
- Cholesterin 81 mg

# Ranch-Hähnchenflügel

Zubereitungszeit: 10 Minuten
Kochzeit: 25 Minuten
Servieren: 2

## Zutaten:

- 1 lb Hähnchenflügel
- 2 Esslöffel Butter, geschmolzen
- 1 1/2 Esslöffel Ranchgewürz
- 1 Esslöffel Knoblauch, gehackt

## Wegbeschreibung:

1. Mischen Sie in einer großen Schüssel die Butter, den Knoblauch und das Ranch-Gewürz.
2. Fügen Sie die Hähnchenflügel hinzu und schwenken Sie sie zum Überziehen. Schüssel abdecken und über Nacht in den Kühlschrank stellen.
3. Stellen Sie den Gartopf in das Gerät und setzen Sie dann den Frittierkorb in den Topf.
4. Wählen Sie den Air-Crisp-Modus, stellen Sie die Temperatur auf 360 F und die Zeit auf 25 Minuten ein. Drücken Sie Start, um mit dem Vorheizen zu beginnen.
5. Wenn das Gerät vorgeheizt ist, legen Sie die Hähnchenflügel in den Frittierkorb. Mit einem Deckel verschließen und garen. Wenden Sie die Hähnchenflügel nach der Hälfte der Zeit.
6. Servieren und genießen.

## Nährwert (Menge pro Portion):

- Kalorien 561
- Fett 28,4 g
- Kohlenhydrate 1,4 g
- Zucker 0,1 g
- Eiweiß 66 g
- Cholesterin 232 mg

# Einfache Jerk Chicken Wings

Zubereitungszeit: 10 Minuten
Kochzeit: 20 Minuten
Servieren: 2

## Zutaten:

- 1 lb Hähnchenflügel
- 1 Teelöffel Butter, geschmolzen
- 1 Esslöffel Jerk-Gewürz
- 1 Esslöffel Speisestärke
- Pfeffer
- Salz

## Wegbeschreibung:

1. Geben Sie die Hähnchenflügel in eine Schüssel. Fügen Sie die restlichen Zutaten zu den Hähnchenflügeln hinzu und schwenken Sie sie zum Überziehen.
2. Stellen Sie den Gartopf in das Gerät und setzen Sie dann den Frittierkorb in den Topf.
3. Wählen Sie den Air-Crisp-Modus, stellen Sie die Temperatur auf 380 F und die Zeit auf 20 Minuten ein. Drücken Sie Start, um mit dem Vorheizen zu beginnen.
4. Sobald das Gerät vorgeheizt ist, legen Sie die Hähnchenflügel in den Frittierkorb. Mit einem Deckel verschließen und garen. Wenden Sie die Hähnchenflügel nach der Hälfte der Zeit.
5. Servieren und genießen.

## Nährwert (Menge pro Portion):

- Kalorien 463
- Fett 18,7 g
- Kohlenhydrate 3,7 g
- Zucker 0 g
- Eiweiß 65,7 g
- Cholesterin 207 mg

## Süße & pikante Hähnchenflügel

Zubereitungszeit: 10 Minuten
Kochzeit: 30 Minuten
Servieren: 4

**Zutaten:**

- 1 lb Hähnchenflügel
- 2 Esslöffel Sriracha-Sauce
- 1/4 Tasse Honig
- 1 Esslöffel Butter
- 1 1/2 Esslöffel Sojasauce
- Pfeffer
- Salz

**Wegbeschreibung:**

1. Hähnchenflügel mit Pfeffer und Salz würzen.
2. Stellen Sie den Gartopf in das Gerät und setzen Sie dann den Frittierkorb in den Topf.
3. Wählen Sie den Air-Crisp-Modus, stellen Sie die Temperatur auf 360 F und die Zeit auf 30 Minuten ein. Drücken Sie Start, um mit dem Vorheizen zu beginnen.
4. Wenn das Gerät vorgeheizt ist, legen Sie die Hähnchenflügel in den Frittierkorb. Mit einem Deckel verschließen und garen. Wenden Sie die Hähnchenflügel nach der Hälfte der Zeit.
5. In der Zwischenzeit Butter, Sojasauce, Sriracha-Sauce und Honig in einen Topf geben und 3 Minuten lang kochen.
6. Geben Sie die Hähnchenflügel in die Schüssel. Gießen Sie die Soße über die Hähnchenflügel und schwenken Sie sie, bis sie gut bedeckt sind.
7. Servieren und genießen.

**Nährwert (Menge pro Portion):**

- Kalorien 359
- Fett 16,3 g
- Kohlenhydrate 18,4 g
- Zucker 18 g
- Eiweiß 33,3 g
- Cholesterin 114 mg

# Kräuter-Hähnchenbrust

Zubereitungszeit: 10 Minuten
Kochzeit: 25 Minuten
Servieren: 4

**Zutaten:**

- 4 Hähnchenbrüste, ohne Haut und ohne Knochen
- 1 Esslöffel Olivenöl
- Zum Reiben:
- 1 Teelöffel Oregano
- 1 Teelöffel Thymian
- 1 Teelöffel Petersilie
- 1 Teelöffel Zwiebelpulver
- 1 Teelöffel Basilikum
- Pfeffer
- Salz

**Wegbeschreibung:**

1. Hähnchenbrust mit Olivenöl bepinseln.
2. Mischen Sie in einer kleinen Schüssel alle Einreibezutaten zusammen und reiben Sie die Hähnchenbrüste damit ein.
3. Setzen Sie den Kochtopf in das Gerät ein.
4. Wählen Sie den Backmodus, stellen Sie die Temperatur auf 390 F und die Zeit auf 25 Minuten ein. Drücken Sie start, um mit dem Vorheizen zu beginnen.
5. Sobald das Gerät vorgeheizt ist, legen Sie die Hähnchenbrüste in den Gartopf. Mit einem Deckel verschließen und 25 Minuten garen. Wenden Sie das Hähnchen nach der Hälfte der Zeit.
6. Servieren und genießen.

**Nährwert (Menge pro Portion):**

- Kalorien 312
- Fett 14,4 g
- Kohlenhydrate 0,9 g
- Zucker 0,2 g
- Eiweiß 42,4 g
- Cholesterin 130 mg

# Leckere Truthahn-Fleischbällchen

Zubereitungszeit: 10 Minuten
Kochzeit: 20 Minuten
Servieren: 4

## Zutaten:

- 1 Ei, leicht verquirlt
- 1 lb gemahlener Truthahn
- 1 Teelöffel Knoblauch, gehackt
- 1/4 Tasse Basilikum, gehackt
- 3 Esslöffel Frühlingszwiebeln, gehackt
- 1/2 Tasse Mandelmehl
- 1/2 Teelöffel roter Pfeffer, zerstoßen
- 1 Esslöffel Zitronengras, gehackt
- 1 1/2 Esslöffel Fischsauce

## Wegbeschreibung:

1. Geben Sie alle Zutaten in eine große Schüssel und mischen Sie sie, bis sie gut miteinander verbunden sind.
2. Formen Sie aus der Fleischmischung kleine Bällchen.
3. Setzen Sie den Kochtopf in das Gerät ein.
4. Wählen Sie den Backmodus, stellen Sie die Temperatur auf 380 F und die Zeit auf 20 Minuten ein. Drücken Sie start, um mit dem Vorheizen zu beginnen.
5. Wenn das Gerät vorgeheizt ist, geben Sie die Frikadellen in den Kochtopf. Mit einem Deckel verschließen und 20 Minuten lang garen. Wenden Sie die Frikadellen nach der Hälfte der Zeit.
6. Servieren und genießen.

## Nährwert (Menge pro Portion):

- Kalorien 268
- Fett 15,4 g
- Kohlenhydrate 3,1 g
- Zucker 1,3 g
- Eiweiß 33,8 g
- Cholesterin 157 mg

## Spinat-Puten-Burger-Patties

Zubereitungszeit: 10 Minuten
Zubereitungszeit: 22 Minuten
Servieren: 4

**Zutaten:**

- 1 lb gemahlener Truthahn
- 1 Teelöffel italienisches Gewürz
- 4 oz Feta-Käse, zerbröckelt
- 1 1/4 Tasse Spinat, gehackt
- 1 Esslöffel Olivenöl
- 1 Esslöffel Knoblauchpaste
- Pfeffer
- Salz

**Wegbeschreibung:**

1. Geben Sie alle Zutaten in den Mixtopf und mischen Sie sie, bis sie gut miteinander verbunden sind.
2. Formen Sie aus der Mischung vier gleich große Patties.
3. Stellen Sie den Gartopf in das Gerät und setzen Sie dann den Frittierkorb in den Topf.
4. Wählen Sie den Air-Crisp-Modus, stellen Sie die Temperatur auf 390 F und die Zeit auf 22 Minuten ein. Drücken Sie Start, um mit dem Vorheizen zu beginnen.
5. Wenn das Gerät vorgeheizt ist, legen Sie die Patties in den Frittierkorb. Mit einem Deckel verschließen und garen. Wenden Sie die Patties nach der Hälfte der Zeit.
6. Servieren und genießen.

**Nährwert (Menge pro Portion):**

- Kalorien 335
- Fett 22,4 g
- Kohlenhydrate 2,3 g
- Zucker 1,3 g
- Eiweiß 35,5 g
- Cholesterin 142 mg

# Hähnchen-Burger-Patties

Zubereitungszeit: 10 Minuten
Kochzeit: 18 Minuten
Servieren: 4

**Zutaten:**

- 1 lb gemahlenes Huhn
- 1 Esslöffel Oregano
- 1/2 Teelöffel Knoblauchpulver
- 1,5 Unzen Mozzarella-Käse, geraspelt
- 1/4 Teelöffel Zwiebelpulver
- 3,5 oz Paniermehl
- Pfeffer
- Salz

**Wegbeschreibung:**

1. Geben Sie alle Zutaten in den Mixtopf und mischen Sie sie, bis sie gut miteinander verbunden sind.
2. Formen Sie aus der Fleischmischung vier gleich große Patties.
3. Stellen Sie den Gartopf in das Gerät und setzen Sie dann den Frittierkorb in den Topf.
4. Wählen Sie den Air-Crisp-Modus, stellen Sie die Temperatur auf 360 F und die Zeit auf 18 Minuten ein. Drücken Sie Start, um mit dem Vorheizen zu beginnen.
5. Wenn das Gerät vorgeheizt ist, legen Sie die Patties in den Frittierkorb. Mit einem Deckel verschließen und garen. Wenden Sie die Patties nach der Hälfte der Zeit.
6. Servieren und genießen.

**Nährwert (Menge pro Portion):**

- Kalorien 349
- Fett 11,7 g
- Kohlenhydrate 19,4 g
- Zucker 1,7 g
- Eiweiß 39,3 g
- Cholesterin 107 mg

## Asiatische Hähnchenschenkel

Zubereitungszeit: 10 Minuten
Kochzeit: 20 Minuten
Servieren: 4

### Zutaten:

- 1 lb Hähnchenschenkel
- 1 Esslöffel Sojasauce
- 1/4 Tasse cremige Erdnussbutter
- 1/2 Tasse Wasser
- 1 Teelöffel Ingwer, gehackt
- 1 Esslöffel Sriracha-Sauce
- 1 Teelöffel Knoblauch, gehackt
- 2 Esslöffel Limettensaft
- 2 Esslöffel süße Chilisauce
- 1/2 Teelöffel Salz

### Wegbeschreibung:

1. Verquirlen Sie in einer großen Schüssel Erdnussbutter, Sriracha-Sauce, Ingwer, Wasser, Sojasauce, süße Chilisauce, Limettensaft, Knoblauch und Salz.
2. Hähnchen in die Schüssel geben und gut beschichten. Abdecken und über Nacht in den Kühlschrank stellen.
3. Stellen Sie den Gartopf in das Gerät und setzen Sie dann den Frittierkorb in den Topf.
4. Wählen Sie den Air-Crisp-Modus, stellen Sie die Temperatur auf 350 F und die Zeit auf 20 Minuten ein. Drücken Sie Start, um mit dem Vorheizen zu beginnen.
5. Sobald das Gerät vorgeheizt ist, nehmen Sie das Hähnchen aus der Marinade und legen es in den Garkorb. Mit einem Deckel verschließen und 20 Minuten garen. Wenden Sie das Hähnchen nach der Hälfte der Zeit.
6. Servieren und genießen.

### Nährwert (Menge pro Portion):

- Kalorien 360
- Fett 19,1 g
- Kohlenhydrate 9,1 g
- Zucker 5,2 g
- Eiweiß 37,3 g
- Cholesterin 103 mg

# Basilikum-Thymian-Hähnchenbrust

Zubereitungszeit: 10 Minuten
Kochzeit: 10 Minuten
Servieren: 2

**Zutaten:**

- 2 Hähnchenbrüste, ohne Knochen und ohne Haut
- 1 Teelöffel getrockneter Oregano
- 1 Teelöffel getrocknetes Basilikum
- 2 Teelöffel Knoblauch, gehackt
- 1 Teelöffel getrockneter Thymian
- Pfeffer
- Salz

**Wegbeschreibung:**

1. Mischen Sie in einer kleinen Schüssel Knoblauch, Thymian, Oregano, Basilikum, Pfeffer und Salz und reiben Sie das Huhn damit ein.
2. Stellen Sie den Gartopf in das Gerät und setzen Sie dann den Frittierkorb in den Topf.
3. Wählen Sie den Air-Crisp-Modus, stellen Sie die Temperatur auf 400 F und die Zeit auf 10 Minuten ein. Drücken Sie Start, um mit dem Vorheizen zu beginnen.
4. Sobald das Gerät vorgeheizt ist, legen Sie das Hähnchen in den Frittierkorb. Mit einem Deckel verschließen und 10 Minuten lang garen.
5. Servieren und genießen.

**Nährwert (Menge pro Portion):**

- Kalorien 285
- Fett 11 g
- Kohlenhydrate 1,8 g
- Zucker 0,1 g
- Eiweiß 42,6 g
- Cholesterin 130 mg

# Frikadellen

Zubereitungszeit: 10 Minuten
Kochzeit: 10 Minuten
Servieren: 4

**Zutaten:**

- 1 Ei, leicht verquirlt
- 1 lb gemahlener Truthahn
- 1/4 Tasse frische Petersilie, gehackt
- 1 Esslöffel Sojasauce
- 1/2 Tasse Paniermehl
- Pfeffer
- Salz

**Wegbeschreibung:**

1. Geben Sie alle Zutaten in die große Schüssel und mischen Sie sie, bis sie gut miteinander verbunden sind.
2. Formen Sie aus der Fleischmasse kleine Bällchen.
3. Stellen Sie den Gartopf in das Gerät und setzen Sie dann den Frittierkorb in den Topf.
4. Wählen Sie den Air-Crisp-Modus, stellen Sie die Temperatur auf 400 F und die Zeit auf 10 Minuten ein. Drücken Sie Start, um mit dem Vorheizen zu beginnen.
5. Sobald das Gerät vorgeheizt ist, legen Sie die Frikadellen in den Garkorb. Mit einem Deckel verschließen und 10 Minuten lang garen. Wenden Sie die Frikadellen nach der Hälfte der Zeit.
6. Servieren und genießen.

**Nährwert (Menge pro Portion):**

- Kalorien 294
- Fett 14,3 g
- Kohlenhydrate 10,4 g
- Zucker 1 g
- Eiweiß 34,6 g
- Cholesterin 157 mg

# Knoblauch-Senf-Huhn

Zubereitungszeit: 10 Minuten
Kochzeit: 20 Minuten
Servieren: 4

**Zutaten:**

- 1 Pfund Hähnchenteile
- 1/2 Tasse Vollkorn-Senf
- 1/2 Teelöffel Paprika
- 2 Esslöffel frischer Estragon, gehackt
- 1/2 Teelöffel Pfeffer
- 1 Teelöffel Knoblauch, gehackt
- 1/2 oz frischer Zitronensaft
- 1/4 Teelöffel koscheres Salz

**Wegbeschreibung:**

1. Geben Sie alle Zutaten außer dem Huhn in die große Schüssel und mischen Sie sie gut.
2. Hähnchen hinzufügen und umrühren, bis es gut überzogen ist.
3. Stellen Sie den Gartopf in das Gerät und setzen Sie dann den Frittierkorb in den Topf.
4. Wählen Sie den Air-Crisp-Modus, stellen Sie die Temperatur auf 380 F und die Zeit auf 20 Minuten ein. Drücken Sie Start, um mit dem Vorheizen zu beginnen.
5. Wenn das Gerät vorgeheizt ist, legen Sie die Hähnchenteile in den Frittierkorb. Mit einem Deckel verschließen und 20 Minuten lang garen. Wenden Sie das Hähnchen nach der Hälfte der Zeit.
6. Servieren und genießen.

**Nährwert (Menge pro Portion):**

- Kalorien 241
- Fett 9,5 g
- Kohlenhydrate 3,1 g
- Zucker 0,1 g
- Eiweiß 33,2 g
- Cholesterin 101 mg

## Würziges Südwest-Huhn

Zubereitungszeit: 10 Minuten
Kochzeit: 25 Minuten
Servieren: 2

### Zutaten:

- 1/2 lb Hühnerbrüste, ohne Haut und ohne Knochen
- 1/4 Teelöffel Kreuzkümmel
- 1 Esslöffel Limettensaft
- 1/8 Teelöffel Knoblauchpulver
- 1/8 Teelöffel Zwiebelpulver
- 1/8 Teelöffel Chilipulver
- 1/2 Esslöffel Olivenöl
- 1/8 Teelöffel Salz

### Wegbeschreibung:

1. Geben Sie alle Zutaten in den Zip-Lock-Beutel. Verschließen Sie den Beutel, schütteln Sie ihn gut und stellen Sie ihn für 1 Stunde in den Kühlschrank.
2. Stellen Sie den Gartopf in das Gerät und setzen Sie dann den Frittierkorb in den Topf.
3. Wählen Sie den Air-Crisp-Modus, stellen Sie die Temperatur auf 400 F und die Zeit auf 25 Minuten ein. Drücken Sie Start, um mit dem Vorheizen zu beginnen.
4. Sobald das Gerät vorgeheizt ist, legen Sie das Hähnchen in den Frittierkorb. Mit einem Deckel verschließen und garen. Wenden Sie das Hähnchen nach der Hälfte der Zeit.
5. Servieren und genießen.

### Nährwert (Menge pro Portion):

- Kalorien 254
- Fett 12 g
- Kohlenhydrate 2,3 g
- Zucker 0,5 g
- Eiweiß 33 g
- Cholesterin 101 mg

# Kapitel 4: Rind, Schwein und Lamm

## Gegrillte Schweinekoteletts

Zubereitungszeit: 10 Minuten
Kochzeit: 10 Minuten
Servieren: 4

### Zutaten:

- 4 Schweinekoteletts, ohne Knochen
- 1 Esslöffel Olivenöl
- Zum Würzen:
- 1/4 Teelöffel getrocknetes Basilikum
- 1/4 Teelöffel getrocknete Zwiebel, gehackt
- 1/4 Teelöffel getrocknete Petersilie
- 1/4 Teelöffel Knoblauchpulver
- Salz

### Wegbeschreibung:

1. Mischen Sie in einer kleinen Schüssel alle Gewürzzutaten zusammen.
2. Schweinekoteletts mit Öl bepinseln und mit Gewürzen einreiben.
3. Stellen Sie den Kochtopf in das Gerät und legen Sie dann die Grillplatte in den Topf.
4. Wählen Sie den Grillmodus, stellen Sie die Temperatur auf hoch und stellen Sie die Zeit auf 8 Minuten. Drücken Sie start, um mit dem Vorheizen zu beginnen.
5. Sobald das Gerät vorgeheizt ist, legen Sie die Schweinekoteletts auf die Grillplatte. Mit einem Deckel verschließen und 5 Minuten lang garen.
6. Wenden Sie die Schweinekoteletts und kochen Sie sie weitere 5 Minuten oder bis die Innentemperatur der Schweinekoteletts 145 F erreicht.
7. Servieren und genießen.

### Nährwert (Menge pro Portion):

- Kalorien 287
- Fett 23,4 g
- Kohlenhydrate 0,2 g
- Zucker 0,1 g
- Eiweiß 18 g
- Cholesterin 69 mg

## Marinierte Schweinekoteletts

Zubereitungszeit: 10 Minuten
Kochzeit: 10 Minuten
Servieren: 2

**Zutaten:**

- 2 Schweinekoteletts
- Für die Marinade:
- 1 Esslöffel brauner Zucker
- 1/4 Tasse Sojasauce
- 1/4 Tasse Zitronensaft
- 1/3 Tasse Olivenöl
- 1/2 Teelöffel Oregano
- 1 Teelöffel Zwiebelpulver
- Pfeffer

**Wegbeschreibung:**

1. Geben Sie die Zutaten für die Marinade in den Zip-Lock-Beutel und mischen Sie sie gut.
2. Geben Sie die Schweinekoteletts in den Zip-Lock-Beutel. Beutel verschließen, gut schütteln und über Nacht in den Kühlschrank stellen.
3. Stellen Sie den Kochtopf in das Gerät und legen Sie dann die Grillplatte in den Topf.
4. Wählen Sie den Grillmodus, stellen Sie die Temperatur auf hoch und stellen Sie die Zeit auf 8 Minuten. Drücken Sie start, um mit dem Vorheizen zu beginnen.
5. Sobald das Gerät vorgeheizt ist, legen Sie die marinierten Schweinekoteletts auf die Grillplatte. Mit einem Deckel verschließen und 5 Minuten lang garen.
6. Nach 5 Minuten die Koteletts wenden, mit einem Deckel abdecken und weitere 5 Minuten garen.
7. Servieren und genießen.

**Nährwert (Menge pro Portion):**

- Kalorien 591
- Fett 53,8 g
- Kohlenhydrate 8,7 g
- Zucker 6 g
- Eiweiß 20,4 g
- Cholesterin 69 mg

# Kreolische Lammkoteletts

Zubereitungszeit: 10 Minuten
Kochzeit: 10 Minuten
Servieren: 6

**Zutaten:**

- 6 Lammkoteletts
- 1 Teelöffel gemahlener weißer Pfeffer
- 1 Teelöffel Thymian, gehackt
- 1 Teelöffel kreolisches Gewürz
- 1/2 Teelöffel Knoblauch, gehackt
- 1 Esslöffel frischer Rosmarin, gehackt
- Pfeffer
- Salz

**Wegbeschreibung:**

1. Lammkoteletts mit Pfeffer und Salz würzen und beiseite stellen.
2. Mischen Sie in einer kleinen Schüssel weißen Pfeffer, Thymian, kreolisches Gewürz, Knoblauch und Rosmarin und reiben Sie damit die Lammkoteletts ein.
3. Stellen Sie den Kochtopf in das Gerät und legen Sie dann die Grillplatte in den Topf.
4. Wählen Sie den Grillmodus, stellen Sie die Temperatur auf hoch und stellen Sie die Zeit auf 8 Minuten. Drücken Sie start, um mit dem Vorheizen zu beginnen.
5. Sobald das Gerät vorgeheizt ist, legen Sie die Lammkoteletts auf die Grillplatte. Mit einem Deckel verschließen und 5 Minuten lang garen.
6. Nach 5 Minuten die Lammkoteletts wenden, mit einem Deckel abdecken und weitere 5 Minuten garen.
7. Servieren und genießen.

**Nährwert (Menge pro Portion):**

- Kalorien 612
- Fett 24,1 g
- Kohlenhydrate 0,8 g
- Zucker 0 g
- Eiweiß 91,9 g
- Cholesterin 294 mg

# Toskanisches Steak

Zubereitungszeit: 10 Minuten
Kochzeit: 14 Minuten
Servieren: 4

**Zutaten:**

- 1 1/2 Pfund Porterhouse-Steaks
- 3 Esslöffel Olivenöl
- 2 Esslöffel frischer Rosmarin, gehackt
- 1/2 Teelöffel Pfeffer
- 2 Teelöffel koscheres Salz

**Wegbeschreibung:**

1. Mischen Sie Öl, Rosmarin, Pfeffer und Salz in einer kleinen Schüssel.
2. Steaks mit Ölmischung bepinseln.
3. Stellen Sie den Kochtopf in das Gerät und legen Sie dann die Grillplatte in den Topf.
4. Wählen Sie den Grillmodus, stellen Sie die Temperatur auf hoch und stellen Sie die Zeit auf 8 Minuten. Drücken Sie start, um mit dem Vorheizen zu beginnen.
5. Sobald das Gerät vorgeheizt ist, legen Sie die Steaks auf die Grillplatte. Mit einem Deckel verschließen und 7 Minuten lang garen.
6. Nach 7 Minuten die Steaks wenden, mit einem Deckel abdecken und weitere 7 Minuten garen.
7. Servieren und genießen.

**Nährwert (Menge pro Portion):**

- Kalorien 441
- Fett 27,2 g
- Kohlenhydrate 1,2 g
- Zucker 0 g
- Eiweiß 46,4 g
- Cholesterin 99 mg

## Asiatische Lammkoteletts

Zubereitungszeit: 10 Minuten
Kochzeit: 10 Minuten
Servieren: 6

### Zutaten:

- 12 Lammkoteletts
- Zum Würzen:
- 1/2 Teelöffel gemahlener Koriander
- 1 Esslöffel Chilipulver
- 1 Esslöffel brauner Zucker
- 1 Esslöffel Kurkumapulver
- 1 Teelöffel koscheres Salz

### Wegbeschreibung:

1. Mischen Sie alle Gewürzzutaten in einer kleinen Schüssel und reiben Sie die Lammkoteletts damit ein.
2. Stellen Sie den Kochtopf in das Gerät und legen Sie dann die Grillplatte in den Topf.
3. Wählen Sie den Grillmodus, stellen Sie die Temperatur auf hoch und stellen Sie die Zeit auf 8 Minuten. Drücken Sie start, um mit dem Vorheizen zu beginnen.
4. Sobald das Gerät vorgeheizt ist, legen Sie die Lammkoteletts auf die Grillplatte. Mit einem Deckel verschließen und 5 Minuten lang garen.
5. Nach 5 Minuten die Lammkoteletts wenden, mit einem Deckel abdecken und weitere 5 Minuten garen.
6. Servieren und genießen.

### Nährwert (Menge pro Portion):

- Kalorien 654
- Fett 52,3 g
- Kohlenhydrate 2,9 g
- Zucker 1,6 g
- Eiweiß 38,2 g
- Cholesterin 160 mg

## Mexikanisches Steak

Zubereitungszeit: 10 Minuten
Kochzeit: 10 Minuten
Servieren: 4

### Zutaten:

- 1 1/2 Pfund Skirt-Steak
- 1/2 Teelöffel Pfeffer
- 1/2 Tasse eingelegte Jalapenos, in Scheiben geschnitten
- 2 Esslöffel Olivenöl
- 2 Knoblauchzehen, gehackt
- 1 Zwiebel, gehackt
- 1/3 Tasse Limettensaft
- 1 Tasse Koriander, gehackt
- 1/2 Teelöffel Salz

### Wegbeschreibung:

1. Koriander, Limettensaft, Knoblauch, Öl, Jalapenos, Pfeffer und Salz in den Mixer geben und glatt pürieren.
2. Steak in den Mixtopf geben. Die vermengte Mischung über das Steak gießen, gut verteilen und 30 Minuten marinieren lassen.
3. Stellen Sie den Kochtopf in das Gerät und legen Sie dann die Grillplatte in den Topf.
4. Wählen Sie den Grillmodus, stellen Sie die Temperatur auf hoch und stellen Sie die Zeit auf 8 Minuten. Drücken Sie start, um mit dem Vorheizen zu beginnen.
5. Sobald das Gerät vorgeheizt ist, legen Sie das marinierte Steak auf die Grillplatte. Mit einem Deckel verschließen und 5 Minuten lang garen.
6. Nach 5 Minuten das Steak umdrehen, mit einem Deckel abdecken und weitere 5 Minuten garen.
7. Servieren und genießen.

### Nährwert (Menge pro Portion):

- Kalorien 427
- Fett 24,4 g
- Kohlenhydrate 3,8 g
- Zucker 1,3 g
- Eiweiß 45,9 g
- Cholesterin 100 mg

## Zarte & saftige Frikadellen

Zubereitungszeit: 10 Minuten
Kochzeit: 12 Minuten
Servieren: 4

**Zutaten:**

- 1 Ei
- 1 1/2 Pfund Rinderhackfleisch
- 1/4 Teelöffel Pfeffer
- 1/2 Teelöffel Zwiebelpulver
- 1/2 Teelöffel italienisches Gewürz
- 1 Esslöffel Parmesankäse, gerieben
- 2 Esslöffel Petersilie, gehackt
- 2 Esslöffel Milch
- 1/3 Tasse Paniermehl
- 1/2 Teelöffel Salz

**Wegbeschreibung:**

1. Geben Sie alle Zutaten in die große Schüssel und mischen Sie sie, bis sie gut miteinander verbunden sind.
2. Formen Sie aus der Fleischmasse kleine Bällchen.
3. Stellen Sie den Gartopf in das Gerät und setzen Sie dann den Frittierkorb in den Topf.
4. Wählen Sie den Air-Crisp-Modus, stellen Sie die Temperatur auf 400 F und die Zeit auf 12 Minuten ein. Drücken Sie Start, um mit dem Vorheizen zu beginnen.
5. Sobald das Gerät vorgeheizt ist, legen Sie die Frikadellen in den Garkorb. Mit einem Deckel verschließen und 12 Minuten lang garen.
6. Servieren und genießen.

**Nährwert (Menge pro Portion):**

- Kalorien 385
- Fett 13,2 g
- Kohlenhydrate 7,6 g
- Zucker 1,2 g
- Eiweiß 55,5 g
- Cholesterin 196 mg

## Mini-Hackbraten

Zubereitungszeit: 10 Minuten
Kochzeit: 12 Minuten
Servieren: 4

### Zutaten:

- 1 Ei
- 1 Pfund Rinderhackfleisch
- 1/4 Tasse BBQ-Sauce
- 1/2 Teelöffel gelber Senf
- 1 Esslöffel Worcestershire-Sauce
- 1/2 Teelöffel Knoblauchpulver
- 1/2 Teelöffel Zwiebelpulver
- 1/4 Tasse Semmelbrösel
- 3/4 Tasse Cheddar-Käse, geraspelt
- 2 Scheiben Speck, gekocht & gewürfelt
- 3 Unzen Chilisauce
- 1/2 Teelöffel Salz

### Wegbeschreibung:

1. Geben Sie alle Zutaten außer der BBQ-Sauce in den Mixtopf und verrühren Sie sie, bis sie gut miteinander verbunden sind.
2. Aus der Fleischmischung vier Minibrote formen.
3. Stellen Sie den Gartopf in das Gerät und setzen Sie dann den Frittierkorb in den Topf.
4. Wählen Sie den Air-Crisp-Modus, stellen Sie die Temperatur auf 400 F und die Zeit auf 12 Minuten ein. Drücken Sie Start, um mit dem Vorheizen zu beginnen.
5. Wenn das Gerät vorgeheizt ist, legen Sie die Brote in den Garkorb und bestreichen Sie die Oberseite der Brote mit BBQ-Sauce. Mit einem Deckel verschließen und 12 Minuten garen.
6. Servieren und genießen.

### Nährwert (Menge pro Portion):

- Kalorien 422
- Fett 19,7 g
- Kohlenhydrate 12,7 g
- Zucker 5,9 g
- Eiweiß 45,7 g
- Cholesterin 175 mg

## Leckere Steak-Häppchen

Zubereitungszeit: 10 Minuten
Kochzeit: 10 Minuten
Servieren: 2

### Zutaten:

- 2 Steaks, geputzt & gewürfelt
- 1/2 Esslöffel Olivenöl
- 1/4 Esslöffel Paprika
- 1/4 Esslöffel Chilipulver
- 1/2 Esslöffel Knoblauchpulver
- 1/4 Tasse brauner Zucker
- 1/2 Esslöffel Salz

### Wegbeschreibung:

1. Geben Sie die Steakwürfel und das Öl in eine Rührschüssel und mischen Sie sie gut.
2. Mischen Sie in einer kleinen Schüssel Paprika, Chilipulver, Knoblauchpulver, Zucker und Salz und streuen Sie sie über die Steakwürfel, um sie zu überziehen.
3. Stellen Sie den Gartopf in das Gerät und setzen Sie dann den Frittierkorb in den Topf.
4. Wählen Sie den Air-Crisp-Modus, stellen Sie die Temperatur auf 400 F und die Zeit auf 10 Minuten ein. Drücken Sie Start, um mit dem Vorheizen zu beginnen.
5. Sobald das Gerät vorgeheizt ist, geben Sie die Steakwürfel in den Knusperkorb. Mit einem Deckel verschließen und 10 Minuten lang garen.
6. Rühren Sie die Steakwürfel nach der Hälfte der Zeit um.
7. Servieren und genießen.

### Nährwert (Menge pro Portion):

- Kalorien 631
- Fett 16,8 g
- Kohlenhydrate 20,3 g
- Zucker 18,3 g
- Eiweiß 94,9 g
- Cholesterin 235 mg

# Frikadellen

Zubereitungszeit: 10 Minuten
Kochzeit: 10 Minuten
Servieren: 4

**Zutaten:**

- 2 Eier
- 1 Teelöffel Sesamöl
- 1 Teelöffel Ingwer, gehackt
- 1 Teelöffel Knoblauch, gehackt
- 1/2 Tasse Paniermehl
- 1/3 Teelöffel rote Chiliflocken
- 1 Esslöffel Frühlingszwiebeln, gewürfelt
- 1 Teelöffel Sojasauce
- 2 Pfund Schweinehackfleisch
- Pfeffer
- Salz

**Wegbeschreibung:**

1. Geben Sie alle Zutaten in die große Schüssel und mischen Sie sie, bis sie gut miteinander verbunden sind.
2. Formen Sie aus der Fleischmischung kleine Bällchen.
3. Stellen Sie den Gartopf in das Gerät und setzen Sie dann den Frittierkorb in den Topf.
4. Wählen Sie den Air-Crisp-Modus, stellen Sie die Temperatur auf 400 F und die Zeit auf 10 Minuten ein. Drücken Sie Start, um mit dem Vorheizen zu beginnen.
5. Sobald das Gerät vorgeheizt ist, legen Sie die Frikadellen in den Garkorb. Mit einem Deckel verschließen und 10 Minuten lang garen.
6. Servieren und genießen.

**Nährwert (Menge pro Portion):**

- Kalorien 423
- Fett 12 g
- Kohlenhydrate 10,7 g
- Zucker 1,1 g
- Eiweiß 64,1 g
- Cholesterin 247 mg

## Senf-Frikadellen

Zubereitungszeit: 10 Minuten
Kochzeit: 10 Minuten
Servieren: 4

**Zutaten:**

- 1 1/4 Pfund Schweinehackfleisch
- 1 Teelöffel Ingwer-Knoblauch-Paste
- 2 Teelöffel Honig
- 1 kleine Zwiebel, gehackt
- 1 Teelöffel Schweinefleischgewürz
- Pfeffer
- Salz

**Wegbeschreibung:**

1. Geben Sie alle Zutaten in den Mixtopf und mischen Sie sie, bis sie gut miteinander verbunden sind.
2. Formen Sie aus der Fleischmischung kleine Bällchen.
3. Stellen Sie den Gartopf in das Gerät und setzen Sie dann den Frittierkorb in den Topf.
4. Wählen Sie den Air-Crisp-Modus, stellen Sie die Temperatur auf 360 F und die Zeit auf 10 Minuten ein. Drücken Sie Start, um mit dem Vorheizen zu beginnen.
5. Sobald das Gerät vorgeheizt ist, legen Sie die Frikadellen in den Garkorb. Mit einem Deckel verschließen und 10 Minuten lang garen.
6. Servieren und genießen.

**Nährwert (Menge pro Portion):**

- Kalorien 227
- Fett 5,3 g
- Kohlenhydrate 5,3 g
- Zucker 3,6 g
- Eiweiß 37,6 g
- Cholesterin 103 mg

# Pikante Schweinefleisch-Patties

Zubereitungszeit: 10 Minuten
Kochzeit: 10 Minuten
Servieren: 2

### Zutaten:

- 1 Ei, leicht verquirlt
- 1/2 Pfund Schweinehackfleisch
- 1 Esslöffel Cajun-Gewürz
- 1/2 Tasse Paniermehl
- Pfeffer
- Salz

### Wegbeschreibung:

1. Geben Sie alle Zutaten in die große Schüssel und mischen Sie sie, bis sie gut miteinander verbunden sind.
2. Formen Sie aus der Fleischmischung zwei gleich große Patties.
3. Stellen Sie den Gartopf in das Gerät und setzen Sie dann den Frittierkorb in den Topf.
4. Wählen Sie den Air-Crisp-Modus, stellen Sie die Temperatur auf 360 F und die Zeit auf 10 Minuten ein. Drücken Sie Start, um mit dem Vorheizen zu beginnen.
5. Wenn das Gerät vorgeheizt ist, legen Sie die Patties in den Frittierkorb. Mit einem Deckel verschließen und 10 Minuten lang garen.
6. Servieren und genießen.

### Nährwert (Menge pro Portion):

- Kalorien 300
- Fett 7,6 g
- Kohlenhydrate 19,6 g
- Zucker 1,8 g
- Eiweiß 36,1 g
- Cholesterin 165 mg

# Knusprige Schweinekoteletts

Zubereitungszeit: 10 Minuten
Kochzeit: 12 Minuten
Servieren: 3

**Zutaten:**

- 1 Ei, leicht verquirlt
- 3 Schweinekoteletts, ohne Knochen
- 1/2 Tasse Paniermehl
- 1/4 Teelöffel Paprika
- 1/2 Teelöffel Knoblauchpulver
- Pfeffer
- Salz

**Wegbeschreibung:**

1. Würzen Sie die Schweinekoteletts mit Paprika, Knoblauchpulver, Pfeffer und Salz.
2. Geben Sie die Semmelbrösel in eine flache Schüssel. In einer separaten flachen Schüssel das geschlagene Ei hinzufügen.
3. Schweinekotelett in Ei tauchen und mit Semmelbrösel bestreuen.
4. Stellen Sie den Gartopf in das Gerät und setzen Sie dann den Frittierkorb in den Topf.
5. Wählen Sie den Air-Crisp-Modus, stellen Sie die Temperatur auf 380 F und die Zeit auf 12 Minuten ein. Drücken Sie Start, um mit dem Vorheizen zu beginnen.
6. Sobald das Gerät vorgeheizt ist, legen Sie die beschichteten Schweinekoteletts in den Frittierkorb. Mit einem Deckel verschließen und 12 Minuten lang garen. Wenden Sie die Schweinekoteletts nach der Hälfte der Zeit.
7. Servieren und genießen.

**Nährwert (Menge pro Portion):**

- Kalorien 350
- Fett 22,3 g
- Kohlenhydrate 13,5 g
- Zucker 1,4 g
- Eiweiß 22,3 g
- Cholesterin 123 mg

## Kräuter-Schweinekoteletts

Zubereitungszeit: 10 Minuten
Kochzeit: 15 Minuten
Servieren: 4

**Zutaten:**

- 4 Schweinekoteletts
- 1 Teelöffel Rosmarin
- 2 Teelöffel Oregano
- 2 Teelöffel Thymian
- 1 Teelöffel Knoblauchpulver
- 1 Teelöffel Paprika
- Pfeffer
- Salz

**Wegbeschreibung:**

1. Sprühen Sie die Schweinekoteletts mit Kochspray ein.
2. Mischen Sie Knoblauchpulver, Paprika, Rosmarin, Oregano, Thymian, Pfeffer und Salz und reiben Sie die Schweinekoteletts damit ein.
3. Stellen Sie den Gartopf in das Gerät und setzen Sie dann den Frittierkorb in den Topf.
4. Wählen Sie den Air-Crisp-Modus, stellen Sie die Temperatur auf 360 F und die Zeit auf 15 Minuten ein. Drücken Sie Start, um mit dem Vorheizen zu beginnen.
5. Sobald das Gerät vorgeheizt ist, legen Sie die Schweinekoteletts in den Frittierkorb. Mit einem Deckel verschließen und 15 Minuten lang garen. Wenden Sie die Koteletts nach der Hälfte der Zeit.
6. Servieren und genießen.

**Nährwert (Menge pro Portion):**

- Kalorien 265
- Fett 20,1 g
- Kohlenhydrate 1,8 g
- Zucker 0,3 g
- Eiweiß 18,3 g
- Cholesterin 69 mg

## Würziges Honig-Schweinekotelett

Zubereitungszeit: 10 Minuten
Kochzeit: 12 Minuten
Servieren: 4

### Zutaten:

- 1 lb Schweinekoteletts, ohne Knochen
- 2 Teelöffel Honig
- 1 Esslöffel gelber Senf
- 1 Teelöffel Steakgewürz

### Wegbeschreibung:

1. Vermengen Sie in einer kleinen Schüssel Honig, Senf und Steakgewürz.
2. Schweinekoteletts mit der Honigmischung bestreichen.
3. Stellen Sie den Gartopf in das Gerät und setzen Sie dann den Frittierkorb in den Topf.
4. Wählen Sie den Air-Crisp-Modus, stellen Sie die Temperatur auf 350 F und die Zeit auf 12 Minuten ein. Drücken Sie Start, um mit dem Vorheizen zu beginnen.
5. Sobald das Gerät vorgeheizt ist, legen Sie die Schweinekoteletts in den Frittierkorb. Mit einem Deckel verschließen und 12 Minuten lang garen. Wenden Sie die Koteletts nach der Hälfte der Zeit.
6. Servieren und genießen.

### Nährwert (Menge pro Portion):

- Kalorien 376
- Fett 28,3 g
- Kohlenhydrate 3,1 g
- Zucker 2,9 g
- Eiweiß 25,7 g
- Cholesterin 98 mg

## Saftige Schweinekoteletts

Zubereitungszeit: 10 Minuten
Kochzeit: 14 Minuten
Servieren: 2

**Zutaten:**

- 2 Schweinekoteletts
- 1 Teelöffel Olivenöl
- 1 Teelöffel Knoblauchpulver
- 1 Teelöffel geräucherter Paprika
- Pfeffer
- Salz

**Wegbeschreibung:**

1. Schweinekoteletts mit Öl bepinseln und mit Knoblauchpulver, Paprika, Pfeffer und Salz würzen.
2. Stellen Sie den Gartopf in das Gerät und setzen Sie dann den Frittierkorb in den Topf.
3. Wählen Sie den Air-Crisp-Modus, stellen Sie die Temperatur auf 360 F und die Zeit auf 14 Minuten ein. Drücken Sie Start, um mit dem Vorheizen zu beginnen.
4. Sobald das Gerät vorgeheizt ist, legen Sie die Schweinekoteletts in den Frittierkorb. Mit einem Deckel verschließen und 14 Minuten lang garen. Wenden Sie die Koteletts nach der Hälfte der Zeit.
5. Servieren und genießen.

**Nährwert (Menge pro Portion):**

- Kalorien 284
- Fett 22,4 g
- Kohlenhydrate 1,6 g
- Zucker 0,5 g
- Eiweiß 18,4 g
- Cholesterin 69 mg

# Leichte Schweinefleisch-Häppchen

Zubereitungszeit: 10 Minuten
Kochzeit: 15 Minuten
Servieren: 4

**Zutaten:**

- 1 lb Schweinebauch, in 3/4-Zoll-Würfel geschnitten
- 1 Teelöffel Sojasauce
- 1/2 Teelöffel Knoblauchpulver
- 1/2 Teelöffel Zwiebelpulver
- Pfeffer
- Salz

**Wegbeschreibung:**

1. In einer Rührschüssel die Schweinefleischwürfel mit Zwiebelpulver, Knoblauchpulver, Sojasauce, Pfeffer und Salz vermischen.
2. Stellen Sie den Gartopf in das Gerät und setzen Sie dann den Frittierkorb in den Topf.
3. Wählen Sie den Air-Crisp-Modus, stellen Sie die Temperatur auf 400 F und die Zeit auf 15 Minuten ein. Drücken Sie Start, um mit dem Vorheizen zu beginnen.
4. Sobald das Gerät vorgeheizt ist, legen Sie die Schweinefleischwürfel in den Garkorb. Mit einem Deckel verschließen und 15 Minuten lang garen. Rühren Sie die Schweinefleischwürfel nach der Hälfte der Zeit um.
5. Servieren und genießen.

**Nährwert (Menge pro Portion):**

- Kalorien 526
- Fett 30,5 g
- Kohlenhydrate 0,6 g
- Zucker 0,2 g
- Eiweiß 52,5 g
- Cholesterin 131 mg

## Leckere Schweinekoteletts

Zubereitungszeit: 10 Minuten
Kochzeit: 16 Minuten
Servieren: 2

### Zutaten:

- 2 Schweinekoteletts
- 1 Esslöffel Olivenöl
- 1 Esslöffel Mesquite-Gewürz
- 2 Esslöffel Honig
- Pfeffer
- Salz

### Wegbeschreibung:

1. Mischen Sie Olivenöl, Honig, Mesquite-Gewürz, Pfeffer und Salz und reiben Sie die Schweinekoteletts damit ein.
2. Legen Sie die Schweinekoteletts in den Mixtopf. Decken Sie die Schüssel ab und stellen Sie sie für 30 Minuten in den Kühlschrank.
3. Stellen Sie den Gartopf in das Gerät und setzen Sie dann den Frittierkorb in den Topf.
4. Wählen Sie den Air-Crisp-Modus, stellen Sie die Temperatur auf 380 F und die Zeit auf 16 Minuten ein. Drücken Sie Start, um mit dem Vorheizen zu beginnen.
5. Sobald das Gerät vorgeheizt ist, legen Sie die marinierten Schweinekoteletts in den Frittierkorb. Mit einem Deckel verschließen und 15 Minuten lang garen. Wenden Sie die Koteletts nach der Hälfte der Zeit.
6. Servieren und genießen.

### Nährwert (Menge pro Portion):

- Kalorien 387
- Fett 27 g
- Kohlenhydrate 18,5 g
- Zucker 17,3 g
- Eiweiß 18,3 g
- Cholesterin 69 mg

# Einfache & leckere Schweinekoteletts

Zubereitungszeit: 10 Minuten
Zubereitungszeit: 35 Minuten
Servieren: 2

**Zutaten:**

- 2 Schweinekoteletts
- 2 Esslöffel brauner Zucker
- 2 Esslöffel Tomatensauce
- Pfeffer
- Salz

**Wegbeschreibung:**

1. Schweinekoteletts mit Pfeffer und Salz würzen.
2. Legen Sie die Schweinekoteletts in eine Auflaufform.
3. Ketchup und braunen Zucker verrühren und über die Schweinekoteletts gießen.
4. Setzen Sie den Kochtopf in das Gerät ein.
5. Wählen Sie den Backmodus, stellen Sie die Temperatur auf 375 F und die Zeit auf 35 Minuten ein. Drücken Sie start, um mit dem Vorheizen zu beginnen.
6. Sobald das Gerät vorgeheizt ist, stellen Sie die Auflaufform in den Kochtopf. Verschließen Sie sie mit einem Deckel und garen Sie sie 35 Minuten lang.
7. Servieren und genießen.

**Nährwert (Menge pro Portion):**

- Kalorien 294
- Fett 19,9 g
- Kohlenhydrate 9,7 g
- Zucker 9,4 g
- Eiweiß 18,2 g
- Cholesterin 69 mg

# Frikadellen

Zubereitungszeit: 10 Minuten
Kochzeit: 15 Minuten
Servieren: 4

### Zutaten:

- 1 Pfund Schweinehackfleisch
- 1 Teelöffel Paprika
- 1 Teelöffel Knoblauchpulver
- 1 Teelöffel Zwiebelpulver
- 1/2 Teelöffel gemahlener Kreuzkümmel
- 1/2 Teelöffel Koriander
- 1/2 Teelöffel getrockneter Thymian
- Pfeffer
- Salz

### Wegbeschreibung:

1. Geben Sie alle Zutaten in die große Schüssel und mischen Sie sie, bis sie gut miteinander verbunden sind.
2. Formen Sie aus der Fleischmasse kleine Bällchen.
3. Setzen Sie den Kochtopf in das Gerät ein.
4. Wählen Sie den Backmodus, stellen Sie die Temperatur auf 400 F und die Zeit auf 15 Minuten ein. Drücken Sie start, um mit dem Vorheizen zu beginnen.
5. Wenn das Gerät vorgeheizt ist, geben Sie die Frikadellen in den Kochtopf. Mit einem Deckel verschließen und 15 Minuten lang garen.
6. Servieren und genießen.

### Nährwert (Menge pro Portion):

- Kalorien 170
- Fett 4,1 g
- Kohlenhydrate 1,5 g
- Zucker 0,4 g
- Eiweiß 30 g
- Cholesterin 83 mg

# Kapitel 5: Fisch und Meeresfrüchte

## Gegrillte Lachspastetchen

Zubereitungszeit: 10 Minuten
Kochzeit: 8 Minuten
Servieren: 6

### Zutaten:

- 2 Eier
- 1 lb Lachsfilet, Haut entfernen
- 1/4 Tasse frische Petersilie, gehackt
- 1 Tasse Paniermehl
- 1 Teelöffel Senf
- 1 Esslöffel frischer Limettensaft
- 1/4 Tasse Mayonnaise
- 1/2 Teelöffel Pfeffer
- 1/2 Teelöffel Salz

### Wegbeschreibung:

1. Geben Sie alle Zutaten in die Schüssel und mischen Sie sie, bis sie gut miteinander verbunden sind.
2. Formen Sie aus der Mischung sechs gleich große Patties.
3. Stellen Sie den Kochtopf in das Gerät und legen Sie dann die Grillplatte in den Topf.
4. Wählen Sie den Grillmodus, stellen Sie die Temperatur auf mittel und die Zeit auf 8 Minuten ein. Drücken Sie start, um mit dem Vorheizen zu beginnen.
5. Sobald das Gerät vorgeheizt ist, legen Sie die Patties auf die Grillplatte. Mit einem Deckel verschließen und 8 Minuten lang garen. Wenden Sie die Patties nach der Hälfte der Zeit.
6. Servieren und genießen.

### Nährwert (Menge pro Portion):

- Kalorien 234
- Fett 10,5 g
- Kohlenhydrate 16,5 g
- Zucker 2 g
- Eiweiß 19,3 g
- Cholesterin 90 mg

# Zitronen-Knoblauch-Lachs

Zubereitungszeit: 10 Minuten
Kochzeit: 8 Minuten
Servieren: 4

**Zutaten:**

- 1 1/2 Pfund Lachsfilets
- 1/4 Tasse Olivenöl
- 1 Zitrone Saft
- 1/2 Teelöffel Pfeffer
- 1 Teelöffel getrockneter Oregano
- 2 Knoblauchzehen, gehackt
- 1 Teelöffel Meersalz

**Wegbeschreibung:**

1. Mischen Sie Oregano, Knoblauch, Öl, Zitronensaft, Pfeffer und Salz in einer großen Schüssel.
2. Lachsfilets hinzufügen und gut ummanteln. Abdecken und für 15 Minuten in den Kühlschrank stellen.
3. Stellen Sie den Kochtopf in das Gerät und legen Sie dann die Grillplatte in den Topf.
4. Wählen Sie den Grillmodus, stellen Sie die Temperatur auf mittel und die Zeit auf 8 Minuten ein. Drücken Sie start, um mit dem Vorheizen zu beginnen.
5. Sobald das Gerät vorgeheizt ist, legen Sie die Fischfilets auf die Grillplatte. Mit einem Deckel verschließen und 8 Minuten lang garen. Wenden Sie die Fischfilets nach der Hälfte der Zeit.
6. Servieren und genießen.

**Nährwert (Menge pro Portion):**

- Kalorien 340
- Fett 23,3 g
- Kohlenhydrate 1,2 g
- Zucker 0,3 g
- Eiweiß 33,3 g
- Cholesterin 75 mg

# Würziges Mahi Mahi

Zubereitungszeit: 10 Minuten
Kochzeit: 10 Minuten
Servieren: 2

**Zutaten:**

- 2 Mahi-Mahi-Filets
- 1/2 Teelöffel Zwiebelpulver
- 1/2 Teelöffel Knoblauchpulver
- 1 Teelöffel Paprika
- 3 Esslöffel Olivenöl
- 2 Esslöffel frischer Limettensaft
- 1 Teelöffel Kreuzkümmel
- 1 Teelöffel getrockneter Oregano
- 1/8 Teelöffel Cayennepfeffer
- Pfeffer
- Salz

**Wegbeschreibung:**

1. Mischen Sie in einer kleinen Schüssel Kreuzkümmel, Oregano, Cayenne, Knoblauchpulver, Paprika, Pfeffer und Salz.
2. Fischfilets mit Öl bepinseln und mit Gewürzmischung würzen.
3. Stellen Sie den Kochtopf in das Gerät und legen Sie dann die Grillplatte in den Topf.
4. Wählen Sie den Grillmodus, stellen Sie die Temperatur auf mittel und die Zeit auf 8 Minuten ein. Drücken Sie start, um mit dem Vorheizen zu beginnen.
5. Sobald das Gerät vorgeheizt ist, legen Sie die Fischfilets auf die Grillplatte. Mit einem Deckel verschließen und 10 Minuten lang garen. Wenden Sie die Fischfilets nach der Hälfte der Zeit.
6. Fischfilets mit Limettensaft beträufeln und servieren.

**Nährwert (Menge pro Portion):**

- Kalorien 295
- Fett 21,5 g
- Kohlenhydrate 6,3 g
- Zucker 1,3 g
- Eiweiß 21,8 g
- Cholesterin 40 mg

## Geschwärzter Kabeljau

Zubereitungszeit: 10 Minuten
Kochzeit: 8 Minuten
Servieren: 4

### Zutaten:

- 4 Kabeljaufilets
- 1 Esslöffel Olivenöl
- 2 Esslöffel Blackened-Gewürz
- 1/2 Teelöffel koscheres Salz

### Wegbeschreibung:

1. Kabeljaufilets mit Öl bepinseln und mit Schwärzungsgewürz und Salz würzen.
2. Stellen Sie den Kochtopf in das Gerät und legen Sie dann die Grillplatte in den Topf.
3. Wählen Sie den Grillmodus, stellen Sie die Temperatur auf mittel und die Zeit auf 8 Minuten ein. Drücken Sie start, um mit dem Vorheizen zu beginnen.
4. Sobald das Gerät vorgeheizt ist, legen Sie die Fischfilets auf die Grillplatte. Mit einem Deckel verschließen und 8 Minuten lang garen. Wenden Sie die Fischfilets nach der Hälfte der Zeit.
5. Servieren und genießen.

### Nährwert (Menge pro Portion):

- Kalorien 120
- Fett 4,5 g
- Kohlenhydrate 0 g
- Zucker 0 g
- Eiweiß 20 g
- Cholesterin 55 mg

## Scharfe Garnele

Zubereitungszeit: 10 Minuten
Kochzeit: 6 Minuten
Servieren: 4

### Zutaten:

- 1 Pfund Garnelen, geschält und entdarmt
- 1 Teelöffel Knoblauchpulver
- 1 Teelöffel Zwiebelpulver
- 2 Esslöffel Olivenöl
- 2 Teelöffel Paprika
- 1/4 Teelöffel Cayennepfeffer
- 1 Teelöffel getrockneter Oregano
- Pfeffer
- Salz

### Wegbeschreibung:

1. In einer großen Schüssel die Shrimps mit den restlichen Zutaten vermengen.
2. Stellen Sie den Gartopf in das Gerät und setzen Sie dann den Frittierkorb in den Topf.
3. Wählen Sie den Air-Crisp-Modus, stellen Sie die Temperatur auf 400 F und die Zeit auf 6 Minuten ein. Drücken Sie Start, um mit dem Vorheizen zu beginnen.
4. Sobald das Gerät vorgeheizt ist, legen Sie die Garnelen in den Frittierkorb. Mit einem Deckel verschließen und 6 Minuten lang garen.
5. Servieren und genießen.

### Nährwert (Menge pro Portion):

- Kalorien 204
- Fett 9,1 g
- Kohlenhydrate 3,6 g
- Zucker 0,5 g
- Eiweiß 26,2 g
- Cholesterin 239 mg

## Dijon-Lachsfilets

Zubereitungszeit: 10 Minuten
Kochzeit: 15 Minuten
Servieren: 4

### Zutaten:

- 1 lb Lachsfilets
- 1/4 Tasse brauner Zucker
- 2 Esslöffel Dijon-Senf
- Pfeffer
- Salz

### Wegbeschreibung:

1. Lachsfilets mit Pfeffer und Salz würzen.
2. Mischen Sie in einer kleinen Schüssel Dijon-Senf und braunen Zucker zusammen.
3. Lachsfilets mit Dijon-Senf-Mischung bestreichen.
4. Stellen Sie den Gartopf in das Gerät und setzen Sie dann den Frittierkorb in den Topf.
5. Wählen Sie den Air-Crisp-Modus, stellen Sie die Temperatur auf 350 F und die Zeit auf 15 Minuten ein. Drücken Sie Start, um mit dem Vorheizen zu beginnen.
6. Sobald das Gerät vorgeheizt ist, legen Sie die Lachsfilets in den Frittierkorb. Mit einem Deckel verschließen und 15 Minuten lang garen.
7. Servieren und genießen.

### Nährwert (Menge pro Portion):

- Kalorien 190
- Fett 7,3 g
- Kohlenhydrate 9,3 g
- Zucker 8,9 g
- Eiweiß 22,4 g
- Cholesterin 50 mg

# Cajun Fischfilets

Zubereitungszeit: 10 Minuten
Kochzeit: 15 Minuten
Servieren: 2

### Zutaten:

- 2 weiße Fischfilets
- 2 Teelöffel Cajun-Gewürz
- 1/2 Tasse Maismehl

### Wegbeschreibung:

1. Mischen Sie in einer flachen Schale Maismehl und Cajun-Gewürz zusammen.
2. Fischfilets mit Kochspray besprühen und mit Maismehl bestreuen.
3. Stellen Sie den Gartopf in das Gerät und setzen Sie dann den Frittierkorb in den Topf.
4. Wählen Sie den Air-Crisp-Modus, stellen Sie die Temperatur auf 390 F und die Zeit auf 15 Minuten ein. Drücken Sie Start, um mit dem Vorheizen zu beginnen.
5. Sobald das Gerät vorgeheizt ist, legen Sie beschichtete Fischfilets in den Garkorb. Mit einem Deckel verschließen und 15 Minuten lang garen.
6. Servieren und genießen.

### Nährwert (Menge pro Portion):

- Kalorien 375
- Fett 12,7 g
- Kohlenhydrate 23,5 g
- Zucker 0,2 g
- Eiweiß 40,2 g
- Cholesterin 119 mg

## Süßer & pikanter Lachs

Zubereitungszeit: 10 Minuten
Kochzeit: 12 Minuten
Servieren: 2

**Zutaten:**

- 2 Lachsfilets
- 1/2 Teelöffel Chilipulver
- 1 1/2 Teelöffel Koriander
- 1/4 Tasse Honig
- 1 Esslöffel Chiliflocken, zerstoßen
- 1/2 Teelöffel Kurkuma
- Pfeffer
- Salz

**Wegbeschreibung:**

1. Mischen Sie in einer kleinen Schüssel Honig, Chilipulver, Chiliflocken, Koriander, Kurkuma, Pfeffer und Salz.
2. Lachsfilets mit der Honigmischung bestreichen.
3. Stellen Sie den Gartopf in das Gerät und setzen Sie dann den Frittierkorb in den Topf.
4. Wählen Sie den Air-Crisp-Modus, stellen Sie die Temperatur auf 400 F und die Zeit auf 12 Minuten ein. Drücken Sie Start, um mit dem Vorheizen zu beginnen.
5. Sobald das Gerät vorgeheizt ist, legen Sie die Fischfilets in den Frittierkorb. Mit einem Deckel verschließen und 12 Minuten lang garen.
6. Servieren und genießen.

**Nährwert (Menge pro Portion):**

- Kalorien 369
- Fett 11,2 g
- Kohlenhydrate 35,8 g
- Zucker 35 g
- Eiweiß 34,8 g
- Cholesterin 78 mg

# Leckere Krabbenkuchen

Zubereitungszeit: 10 Minuten
Kochzeit: 10 Minuten
Servieren: 4

## Zutaten:

- 8 oz Krabbenfleisch
- 2 Esslöffel Mayonnaise
- 2 grüne Zwiebeln, gehackt
- 1/4 Tasse Paprika, gehackt
- 1 Teelöffel altes Lorbeergewürz
- 1 Esslöffel Dijon-Senf
- 2 Esslöffel Paniermehl
- Pfeffer
- Salz

## Wegbeschreibung:

1. Geben Sie alle Zutaten in die Schüssel und mischen Sie sie, bis sie gut miteinander verbunden sind.
2. Formen Sie aus der Mischung vier gleich große Patties.
3. Stellen Sie den Gartopf in das Gerät und setzen Sie dann den Frittierkorb in den Topf.
4. Wählen Sie den Air-Crisp-Modus, stellen Sie die Temperatur auf 370 F und die Zeit auf 10 Minuten ein. Drücken Sie Start, um mit dem Vorheizen zu beginnen.
5. Sobald das Gerät vorgeheizt ist, legen Sie die Patties in den Frittierkorb. Mit einem Deckel verschließen und 10 Minuten lang garen.
6. Servieren und genießen.

## Nährwert (Menge pro Portion):

- Kalorien 100
- Fett 3,8 g
- Kohlenhydrate 6,5 g
- Zucker 1,3 g
- Eiweiß 8 g
- Cholesterin 32 mg

## Zitronen-Pfeffer-Garnele

Zubereitungszeit: 10 Minuten
Kochzeit: 8 Minuten
Servieren: 2

### Zutaten:

- 12 oz Garnelen, geschält und entdarmt
- 1 Teelöffel Zitronenpfeffer
- 1 Zitrone Saft
- 1/2 Esslöffel Olivenöl
- Salz

### Wegbeschreibung:

1. In einer großen Schüssel Zitronensaft, Zitronenpfeffer und Salz verrühren. Shrimps hinzufügen und schwenken, bis sie gut überzogen sind.
2. Stellen Sie den Gartopf in das Gerät und setzen Sie dann den Frittierkorb in den Topf.
3. Wählen Sie den Air-Crisp-Modus, stellen Sie die Temperatur auf 400 F und die Zeit auf 8 Minuten ein. Drücken Sie Start, um mit dem Vorheizen zu beginnen.
4. Sobald das Gerät vorgeheizt ist, legen Sie die Garnelen in den Frittierkorb. Mit einem Deckel verschließen und 8 Minuten lang garen.
5. Servieren und genießen.

### Nährwert (Menge pro Portion):

- Kalorien 240
- Fett 6,6 g
- Kohlenhydrate 3,8 g
- Zucker 0,5 g
- Eiweiß 39 g
- Cholesterin 358 mg

## Pikante Jakobsmuscheln

Zubereitungszeit: 10 Minuten
Kochzeit: 6 Minuten
Servieren: 2

### Zutaten:

- 4 Jakobsmuscheln, abgespült und trocken getupft
- 1/2 Teelöffel Cajun-Gewürz
- Pfeffer
- Salz

### Wegbeschreibung:

1. Besprühen Sie die Jakobsmuscheln mit Kochspray und würzen Sie sie mit Cajun-Gewürz, Pfeffer und Salz.
2. Stellen Sie den Gartopf in das Gerät und setzen Sie dann den Frittierkorb in den Topf.
3. Wählen Sie den Air-Crisp-Modus, stellen Sie die Temperatur auf 400 F und die Zeit auf 6 Minuten ein. Drücken Sie Start, um mit dem Vorheizen zu beginnen.
4. Sobald das Gerät vorgeheizt ist, legen Sie die Jakobsmuscheln in den Frittierkorb. Mit einem Deckel verschließen und 6 Minuten lang garen. Wenden Sie die Jakobsmuscheln nach der Hälfte der Zeit.
5. Servieren und genießen.

### Nährwert (Menge pro Portion):

- Kalorien 53
- Fett 0,5 g
- Kohlenhydrate 1,5 g
- Zucker 0 g
- Eiweiß 10,1 g
- Cholesterin 20 mg

# Gebackener Heilbutt

Zubereitungszeit: 10 Minuten
Kochzeit: 12 Minuten
Servieren: 4

### Zutaten:

- 1 lb Heilbuttfilets
- 1/4 Teelöffel Pfeffer
- 1/4 Tasse Olivenöl
- 1 Limettensaft
- 1/4 Teelöffel Knoblauchpulver
- 1/4 Teelöffel Paprika
- 1/2 Teelöffel Salz

### Wegbeschreibung:

1. Vermengen Sie in einer kleinen Schüssel Öl, Limettensaft, Pfeffer, Paprika, Knoblauchpulver und Salz.
2. Pinseln Sie die Fischfilets mit der Ölmischung ein.
3. Setzen Sie den Kochtopf in das Gerät ein.
4. Wählen Sie den Backmodus, stellen Sie die Temperatur auf 400 F und die Zeit auf 12 Minuten ein. Drücken Sie start, um mit dem Vorheizen zu beginnen.
5. Sobald das Gerät vorgeheizt ist, legen Sie die Fischfilets in den Gartopf. Mit einem Deckel verschließen und 12 Minuten lang garen.
6. Servieren und genießen.

### Nährwert (Menge pro Portion):

- Kalorien 238
- Fett 15,3 g
- Kohlenhydrate 1,2 g
- Zucker 0,2 g
- Eiweiß 24 g
- Cholesterin 36 mg

## Bagel-Fischfilets

Zubereitungszeit: 10 Minuten
Kochzeit: 10 Minuten
Servieren: 4

**Zutaten:**

- 4 weiße Fischfilets
- 2 Esslöffel Mandelmehl
- 1/4 Tasse Bagel-Gewürz
- 1 Esslöffel Mayonnaise
- 1 Teelöffel Zitronenpfeffergewürz

**Wegbeschreibung:**

1. Mischen Sie in einer kleinen Schüssel Bagelgewürz, Mandelmehl und Zitronenpfeffergewürz zusammen.
2. Mayonnaise über die Fischfilets streichen. Gewürzmischung über die Fischfilets streuen.
3. Setzen Sie den Kochtopf in das Gerät ein.
4. Wählen Sie den Backmodus, stellen Sie die Temperatur auf 400 F und die Zeit auf 10 Minuten ein. Drücken Sie start, um mit dem Vorheizen zu beginnen.
5. Sobald das Gerät vorgeheizt ist, legen Sie die Fischfilets in den Gartopf. Mit einem Deckel verschließen und 10 Minuten lang garen.
6. Servieren und genießen.

**Nährwert (Menge pro Portion):**

- Kalorien 375
- Fett 19,9 g
- Kohlenhydrate 7,2 g
- Zucker 1 g
- Eiweiß 41,3 g
- Cholesterin 120 mg

## Leckere Thunfischsteaks

Zubereitungszeit: 10 Minuten
Kochzeit: 4 Minuten
Servieren: 2

### Zutaten:

- 12 Thunfischsteaks, ohne Haut und ohne Knochen
- 1 Teelöffel Ingwer, gerieben
- 4 Esslöffel Sojasauce
- 1/2 Teelöffel Essig
- 1 Teelöffel Sesamöl

### Wegbeschreibung:

1. Thunfischsteaks und restliche Zutaten in den Zip-Lock-Beutel geben. Beutel verschließen und 30 Minuten lang in den Kühlschrank stellen.
2. Stellen Sie den Gartopf in das Gerät und setzen Sie dann den Frittierkorb in den Topf.
3. Wählen Sie den Air-Crisp-Modus, stellen Sie die Temperatur auf 380 F und die Zeit auf 4 Minuten ein. Drücken Sie Start, um mit dem Vorheizen zu beginnen.
4. Sobald das Gerät vorgeheizt ist, legen Sie die Thunfischsteaks in den Frittierkorb. Mit einem Deckel verschließen und 4 Minuten lang garen.
5. Servieren und genießen.

### Nährwert (Menge pro Portion):

- Kalorien 979
- Fett 34,4 g
- Kohlenhydrate 3,1 g
- Zucker 0,6 g
- Eiweiß 154,6 g
- Cholesterin 250 mg

## Einfache Zitronen-Pfeffer-Fischfilets

Zubereitungszeit: 10 Minuten
Kochzeit: 15 Minuten
Servieren: 4

**Zutaten:**

- 4 weiße Fischfilets
- 4 Esslöffel Zitronenpfeffergewürz

**Wegbeschreibung:**

1. Sprühen Sie die Fischfilets mit Kochspray ein.
2. Zitronenpfeffergewürz über die Fischfilets streuen.
3. Setzen Sie den Kochtopf in das Gerät ein.
4. Wählen Sie den Backmodus, stellen Sie die Temperatur auf 350 F und die Zeit auf 15 Minuten ein. Drücken Sie start, um mit dem Vorheizen zu beginnen.
5. Sobald das Gerät vorgeheizt ist, legen Sie die Fischfilets in den Gartopf. Mit einem Deckel verschließen und 15 Minuten lang garen.
6. Servieren und genießen.

**Nährwert (Menge pro Portion):**

- Kalorien 281
- Fett 11,8 g
- Kohlenhydrate 4,2 g
- Zucker 0 g
- Eiweiß 38,4 g
- Cholesterin 119 mg

# Kapitel 6: Gemüse- und Beilagengerichte

## Gesunder Spinat-Auflauf

Zubereitungszeit: 10 Minuten
Kochzeit: 20 Minuten
Servieren: 6

### Zutaten:

- 2 Pfund Babyspinat
- 1 Tasse Parmesankäse, gerieben
- 1 Esslöffel italienisches Gewürz
- 1 Esslöffel Knoblauch, gehackt
- 3 Esslöffel Olivenöl
- 5 Esslöffel Butter
- 3/4 Teelöffel Salz

### Wegbeschreibung:

1. Geben Sie 5 Tassen Wasser in den Suppentopf und bringen Sie es zum Kochen. Spinat hinzufügen und kochen, bis er verwelkt ist. Gut abtropfen lassen.
2. Schmelzen Sie die Butter in einer Pfanne bei mittlerer bis niedriger Hitze.
3. Knoblauch, italienische Gewürze und Salz hinzufügen und 1-2 Minuten kochen.
4. Spinat in einer gefetteten Auflaufform verteilen und mit der Buttermischung beträufeln.
5. Streuen Sie den Käse über den Spinat.
6. Setzen Sie den Kochtopf in das Gerät ein.
7. Wählen Sie den Backmodus, stellen Sie die Temperatur auf 400 F und die Zeit auf 15 Minuten ein. Drücken Sie start, um mit dem Vorheizen zu beginnen.
8. Sobald das Gerät vorgeheizt ist, stellen Sie die Auflaufform in den Kochtopf. Verschließen Sie sie mit einem Deckel und garen Sie sie 15 Minuten lang.
9. Servieren und genießen.

### Nährwert (Menge pro Portion):

- Kalorien 237
- Fett 21,1 g
- Kohlenhydrate 6,8 g
- Zucker 0,9 g
- Eiweiß 9,3 g
- Cholesterin 38 mg

# Leckere Blumenkohlsteaks

Zubereitungszeit: 10 Minuten
Kochzeit: 10 Minuten
Servieren: 4

### Zutaten:

- 1 mittelgroßer Blumenkohlkopf, in 1/2-Zoll dicke Scheiben geschnitten
- 1/2 Tasse Parmesankäse, gerieben
- 1/2 Teelöffel getrockneter Thymian
- 2 Esslöffel Sojasauce
- 1 Esslöffel Knoblauch, gehackt
- 1/4 Tasse Olivenöl
- 1/2 Teelöffel Zwiebelpulver
- 1/2 Teelöffel Chilipulver
- 1/2 Teelöffel Zitronenpfeffergewürz
- Pfeffer
- Salz

### Wegbeschreibung:

1. Mischen Sie in einer kleinen Schüssel Zwiebelpulver, Chilipulver, Zitronenpfeffergewürz, Thymian, Sojasauce, Knoblauch, Olivenöl, Pfeffer und Salz.
2. Blumenkohlscheiben mit der Gewürz-Öl-Mischung bestreichen.
3. Stellen Sie den Kochtopf in das Gerät und legen Sie dann die Grillplatte in den Topf.
4. Wählen Sie den Grillmodus, stellen Sie die Temperatur auf mittel und die Zeit auf 8 Minuten ein. Drücken Sie start, um mit dem Vorheizen zu beginnen.
5. Sobald das Gerät vorgeheizt ist, legen Sie die Blumenkohlscheiben auf die Grillplatte. Mit einem Deckel verschließen und 10 Minuten garen. Wenden Sie die Blumenkohlscheiben nach der Hälfte der Zeit.
6. Mit Käse bestreuen und servieren.

### Nährwert (Menge pro Portion):

- Kalorien 191
- Fett 15,2 g
- Kohlenhydrate 10 g
- Zucker 3,7 g
- Eiweiß 7,2 g
- Cholesterin 8 mg

## Würzige Süßkartoffeln

Zubereitungszeit: 10 Minuten
Kochzeit: 6 Minuten
Servieren: 4

**Zutaten:**

- 2 große Süßkartoffeln, in dünne Scheiben geschnitten
- 1/2 Teelöffel Paprika
- 1 Teelöffel Chilipulver
- 1 1/2 Esslöffel Olivenöl
- 1/4 Teelöffel Chilipulver
- 1 Teelöffel Knoblauchpulver
- 1/2 Teelöffel Kreuzkümmel

**Wegbeschreibung:**

1. Geben Sie die Süßkartoffelscheiben und die restlichen Zutaten in den Mixtopf und schwenken Sie sie gut durch.
2. Stellen Sie den Kochtopf in das Gerät und legen Sie dann die Grillplatte in den Topf.
3. Wählen Sie den Grillmodus, stellen Sie die Temperatur auf mittel und die Zeit auf 8 Minuten ein. Drücken Sie start, um mit dem Vorheizen zu beginnen.
4. Sobald das Gerät vorgeheizt ist, legen Sie die Süßkartoffelscheiben auf die Grillplatte. Mit einem Deckel verschließen und 3 Minuten lang garen. Wenden Sie die Süßkartoffelscheiben nach der Hälfte der Zeit.
5. Servieren und genießen.

**Nährwert (Menge pro Portion):**

- Kalorien 140
- Fett 5,6 g
- Kohlenhydrate 22 g
- Zucker 0,6 g
- Eiweiß 1,4 g
- Cholesterin 0 mg

# Zucchini-Spinat-Auflauf

Zubereitungszeit: 10 Minuten
Kochzeit: 45 Minuten
Servieren: 6

## Zutaten:

- 2 Eiweiß
- 1/4 Tasse Parmesankäse, gerieben
- 1/4 Tasse Feta-Käse, zerbröckelt
- 2 kleine gelbe Kürbisse, gewürfelt
- 2 kleine Zucchini, gewürfelt
- 3 Tassen Babyspinat
- 1 Teelöffel getrocknetes Basilikum
- 1/2 Teelöffel Pfeffer
- 2 Teelöffel Knoblauchpulver
- 1/4 Tasse Semmelbrösel
- 2 Esslöffel Olivenöl
- 1/2 Teelöffel koscheres Salz

## Wegbeschreibung:

1. Erhitzen Sie Öl in einer Pfanne bei mittlerer Hitze.
2. Kürbis, Zucchini und Spinat hinzufügen und 5 Minuten kochen oder bis der Spinat verwelkt ist. Übertragen Sie die Kürbismischung in den Mixtopf.
3. Geben Sie die restlichen Zutaten in den Mixtopf und mischen Sie sie gut.
4. Gießen Sie die Mischung in die gefettete Auflaufform.
5. Setzen Sie den Kochtopf in das Gerät ein.
6. Wählen Sie den Backmodus, stellen Sie die Temperatur auf 400 F und die Zeit auf 40 Minuten ein. Drücken Sie start, um mit dem Vorheizen zu beginnen.
7. Wenn das Gerät vorgeheizt ist, stellen Sie die Auflaufform in den Kochtopf. Mit einem Deckel verschließen und garen.
8. Servieren und genießen.

## Nährwert (Menge pro Portion):

- Kalorien 112
- Fett 7,3 g
- Kohlenhydrate 7,7 g
- Zucker 2,3 g
- Eiweiß 5,5 g
- Cholesterin 8 mg

# Leckere Zucchini-Sticks

Zubereitungszeit: 10 Minuten
Kochzeit: 15 Minuten
Servieren: 8

### Zutaten:

- 4 mittelgroße Zucchini, der Länge nach halbiert und die Mitte herausgeschnitten
- 1 Esslöffel Knoblauch, gehackt
- 1/2 Tasse Oliven, gehackt
- 1/2 Tasse Tomaten, zerkleinert
- 1 Tasse rote Paprika, gehackt
- 1/4 Tasse Petersilie, gehackt
- 1/4 Tasse Feta-Käse, zerbröckelt
- 1 Esslöffel getrockneter Oregano
- 1/4 Teelöffel Pfeffer

### Wegbeschreibung:

1. Mischen Sie in einer Schüssel Paprika, Pfeffer, Oregano, Knoblauch, Oliven und Tomaten.
2. Füllen Sie jede Zucchini mit der Paprikamischung.
3. Setzen Sie den Kochtopf in das Gerät ein.
4. Wählen Sie den Backmodus, stellen Sie die Temperatur auf 350 F und die Zeit auf 15 Minuten ein. Drücken Sie start, um mit dem Vorheizen zu beginnen.
5. Sobald das Gerät vorgeheizt ist, geben Sie die gefüllten Zucchini in den Kochtopf. Mit einem Deckel verschließen und garen.
6. Mit Petersilie garnieren und servieren.

### Nährwert (Menge pro Portion):

- Kalorien 49
- Fett 2,2 g
- Kohlenhydrate 6,5 g
- Zucker 3 g
- Eiweiß 2,4 g
- Cholesterin 4 mg

# Gefüllte Paprika

Zubereitungszeit: 10 Minuten
Kochzeit: 25 Minuten
Servieren: 6

## Zutaten:

- 3 Paprikaschoten, halbiert & entkernt
- 1/3 Tasse Kichererbsen, abgespült
- 1/2 Teelöffel Oregano
- 2 Knoblauchzehen, gehackt
- 1 1/2 Tassen gekochte Quinoa
- 1/4 Tasse Feta-Käse, zerbröckelt
- 1/2 Tasse Traubentomaten, in Scheiben geschnitten
- 1/2 Teelöffel Salz

## Wegbeschreibung:

1. Mischen Sie in einer Schüssel gekochte Quinoa, Tomaten, Kichererbsen, Oregano, Knoblauch und Salz.
2. Füllen Sie die Quinoa-Mischung in die Paprikahälften.
3. Setzen Sie den Kochtopf in das Gerät ein.
4. Wählen Sie den Backmodus, stellen Sie die Temperatur auf 400 F und die Zeit auf 25 Minuten ein. Drücken Sie start, um mit dem Vorheizen zu beginnen.
5. Sobald das Gerät vorgeheizt ist, geben Sie die gefüllten Paprikaschoten in den Kochtopf. Mit einem Deckel verschließen und garen.
6. Servieren und genießen.

## Nährwert (Menge pro Portion):

- Kalorien 237
- Fett 4,8 g
- Kohlenhydrate 39,8 g
- Zucker 4,9 g
- Eiweiß 9,8 g
- Cholesterin 6 mg

# Würzige Baby-Kartoffeln

Zubereitungszeit: 10 Minuten
Kochzeit: 20 Minuten
Servieren: 4

**Zutaten:**

- 1 lb Babykartoffeln, in Viertel geschnitten
- 1/2 Teelöffel granulierter Knoblauch
- 1 Esslöffel Olivenöl
- 1/2 Teelöffel getrocknete Petersilie
- 1/4 Teelöffel Salz

**Wegbeschreibung:**

1. Schwenken Sie die Babykartoffeln in einer Rührschüssel mit Öl, Knoblauch, Petersilie und Salz.
2. Stellen Sie den Gartopf in das Gerät und setzen Sie dann den Frittierkorb in den Topf.
3. Wählen Sie den Air-Crisp-Modus, stellen Sie die Temperatur auf 350 F und die Zeit auf 20 Minuten ein. Drücken Sie Start, um mit dem Vorheizen zu beginnen.
4. Sobald das Gerät vorgeheizt ist, legen Sie die Kartoffeln in den Frittierkorb. Mit einem Deckel verschließen und garen.
5. Servieren und genießen.

**Nährwert (Menge pro Portion):**

- Kalorien 97
- Fett 3,6 g
- Kohlenhydrate 14,4 g
- Zucker 0,1 g
- Eiweiß 3 g
- Cholesterin 0 mg

# Leckere Hasselback-Kartoffeln

Zubereitungszeit: 10 Minuten
Kochzeit: 30 Minuten
Servieren: 4

**Zutaten:**

- 4 Kartoffeln, schälen & quer in 1/8-Zoll-Scheiben schneiden
- 1/4 Tasse Parmesankäse, geraspelt
- 1 Esslöffel Olivenöl

**Wegbeschreibung:**

1. Kartoffeln mit Öl bepinseln.
2. Stellen Sie den Gartopf in das Gerät und setzen Sie dann den Frittierkorb in den Topf.
3. Wählen Sie den Air-Crisp-Modus, stellen Sie die Temperatur auf 350 F und die Zeit auf 30 Minuten ein. Drücken Sie Start, um mit dem Vorheizen zu beginnen.
4. Sobald das Gerät vorgeheizt ist, legen Sie die Kartoffeln in den Frittierkorb. Mit einem Deckel verschließen und garen.
5. Kartoffeln mit Parmesankäse bestreuen und servieren.

**Nährwert (Menge pro Portion):**

- Kalorien 195
- Fett 4,9 g
- Kohlenhydrate 33,7 g
- Zucker 2,5 g
- Eiweiß 5,4 g
- Cholesterin 4 mg

# Pikanter Rosenkohl

Zubereitungszeit: 10 Minuten
Kochzeit: 15 Minuten
Servieren: 4

### Zutaten:

- 1 lb Rosenkohl, halbiert
- 1 1/2 Esslöffel Olivenöl
- 2 Esslöffel Honig
- 1 Esslöffel Gochujang
- 1/2 Teelöffel Salz

### Wegbeschreibung:

1. Mischen Sie in einer großen Schüssel Olivenöl, Honig, Gochujang und Salz.
2. Geben Sie den Rosenkohl in die Schüssel und schwenken Sie ihn, bis er gut bedeckt ist.
3. Stellen Sie den Gartopf in das Gerät und setzen Sie dann den Frittierkorb in den Topf.
4. Wählen Sie den Air-Crisp-Modus, stellen Sie die Temperatur auf 360 F und die Zeit auf 15 Minuten ein. Drücken Sie Start, um mit dem Vorheizen zu beginnen.
5. Sobald das Gerät vorgeheizt ist, legen Sie den Rosenkohl in den Frittierkorb. Mit einem Deckel verschließen und garen.
6. Servieren und genießen.

### Nährwert (Menge pro Portion):

- Kalorien 137
- Fett 5,6 g
- Kohlenhydrate 21,5 g
- Zucker 12,6 g
- Eiweiß 4,2 g
- Cholesterin 0 mg

# Mexikanische Kartoffeln

Zubereitungszeit: 10 Minuten
Kochzeit: 15 Minuten
Servieren: 4

**Zutaten:**

- 2 große Süßkartoffeln, geschält & in 1-Zoll-Stücke geschnitten
- 1 Esslöffel Chilipulver
- 2 Esslöffel Olivenöl
- 2 Teelöffel frischer Limettensaft
- 1 Teelöffel Kreuzkümmel

**Wegbeschreibung:**

1. Geben Sie Süßkartoffeln, Limettensaft, Kreuzkümmel, Chilipulver und Olivenöl in eine Rührschüssel und schwenken Sie sie gut durch.
2. Stellen Sie den Gartopf in das Gerät und setzen Sie dann den Frittierkorb in den Topf.
3. Wählen Sie den Air-Crisp-Modus, stellen Sie die Temperatur auf 380 F und die Zeit auf 15 Minuten ein. Drücken Sie Start, um mit dem Vorheizen zu beginnen.
4. Sobald das Gerät vorgeheizt ist, legen Sie die Kartoffeln in den Frittierkorb. Mit einem Deckel verschließen und 15 Minuten lang garen. Rühren Sie die Süßkartoffeln nach der Hälfte der Zeit um.
5. Servieren und genießen.

**Nährwert (Menge pro Portion):**

- Kalorien 162
- Fett 7,6 g
- Kohlenhydrate 24 g
- Zucker 0,9 g
- Eiweiß 1,6 g
- Cholesterin 0 mg

# Zucchini-Burger-Patties

Zubereitungszeit: 10 Minuten
Kochzeit: 12 Minuten
Servieren: 4

**Zutaten:**

- 1 große Zucchini, gerieben & alle Flüssigkeit auspressen
- 1 Teelöffel Kreuzkümmel
- 3 Esslöffel Koriander
- 2 EL Frühlingszwiebel, in Scheiben geschnitten
- 7 oz Dose Kichererbsen, abgetropft
- 1 Teelöffel gemischtes Gewürz
- 1 Teelöffel Chilipulver
- Pfeffer
- Salz

**Wegbeschreibung:**

1. Geben Sie alle Zutaten in den Mixtopf und mischen Sie sie, bis sie gut miteinander verbunden sind.
2. Formen Sie aus der Mischung vier gleich große Patties.
3. Stellen Sie den Gartopf in das Gerät und setzen Sie dann den Frittierkorb in den Topf.
4. Wählen Sie den Air-Crisp-Modus, stellen Sie die Temperatur auf 400 F und die Zeit auf 12 Minuten ein. Drücken Sie Start, um mit dem Vorheizen zu beginnen.
5. Sobald das Gerät vorgeheizt ist, legen Sie die Patties in den Frittierkorb. Mit einem Deckel verschließen und 12 Minuten lang garen. Wenden Sie die Patties nach der Hälfte der Zeit.
6. Servieren und genießen.

**Nährwert (Menge pro Portion):**

- Kalorien 77
- Fett 1 g
- Kohlenhydrate 14,8 g
- Zucker 1,5 g
- Eiweiß 3,7 g
- Cholesterin 0 mg

# Gesunder Spargel

Zubereitungszeit: 10 Minuten
Kochzeit: 15 Minuten
Servieren: 4

## Zutaten:

- 30 Spargelstangen, die Enden abschneiden
- 1/2 Teelöffel Knoblauchpulver
- 1 Esslöffel Olivenöl
- Pfeffer
- Salz

## Wegbeschreibung:

1. Geben Sie den Spargel in die große Schüssel. Mit Öl beträufeln.
2. Mit Knoblauchpulver, Pfeffer und Salz bestreuen. Gut durchmischen.
3. Stellen Sie den Gartopf in das Gerät und setzen Sie dann den Frittierkorb in den Topf.
4. Wählen Sie den Air-Crisp-Modus, stellen Sie die Temperatur auf 400 F und die Zeit auf 15 Minuten ein. Drücken Sie Start, um mit dem Vorheizen zu beginnen.
5. Sobald das Gerät vorgeheizt ist, legen Sie die Spargelstangen in den Frittierkorb. Mit einem Deckel verschließen und garen.
6. Servieren und genießen.

## Nährwert (Menge pro Portion):

- Kalorien 67
- Fett 3,7 g
- Kohlenhydrate 7,3 g
- Zucker 3,5 g
- Eiweiß 4 g
- Cholesterin 0 mg

## Einfache Kräuterpilze

Zubereitungszeit: 10 Minuten
Kochzeit: 14 Minuten
Servieren: 4

### Zutaten:

- 1 lb Champignons
- 1 Esslöffel Basilikum, gehackt
- 1 Teelöffel Rosmarin, gehackt
- 1 Knoblauchzehe, gehackt
- 1/2 Esslöffel Essig
- 1/2 Teelöffel gemahlener Koriander
- Pfeffer
- Salz

### Wegbeschreibung:

1. Geben Sie alle Zutaten in die große Schüssel und schwenken Sie sie gut durch.
2. Stellen Sie den Gartopf in das Gerät und setzen Sie dann den Frittierkorb in den Topf.
3. Wählen Sie den Air-Crisp-Modus, stellen Sie die Temperatur auf 350 F und die Zeit auf 14 Minuten ein. Drücken Sie Start, um mit dem Vorheizen zu beginnen.
4. Sobald das Gerät vorgeheizt ist, legen Sie die Champignons in den Garkorb. Mit einem Deckel verschließen und 14 Minuten lang garen.
5. Servieren und genießen.

### Nährwert (Menge pro Portion):

- Kalorien 27
- Fett 0,4 g
- Kohlenhydrate 4,2 g
- Zucker 2 g
- Eiweiß 3,6 g
- Cholesterin 0 mg

## Gebackene Möhren

Zubereitungszeit: 10 Minuten
Kochzeit: 30 Minuten
Servieren: 4

### Zutaten:

- 25 Baby-Möhren
- 1 Teelöffel Zimt
- 6 Esslöffel Butter, geschmolzen
- 1/4 Tasse brauner Zucker
- Pfeffer
- Salz

### Wegbeschreibung:

1. Legen Sie die Babykarotten in die Auflaufform. Gießen Sie geschmolzene Butter über die Babykarotten.
2. Streuen Sie Zimt, braunen Zucker, Pfeffer und Salz über die Babykarotten.
3. Setzen Sie den Kochtopf in das Gerät ein.
4. Wählen Sie den Backmodus, stellen Sie die Temperatur auf 390 F und die Zeit auf 30 Minuten ein. Drücken Sie start, um mit dem Vorheizen zu beginnen.
5. Wenn das Gerät vorgeheizt ist, stellen Sie die Auflaufform in den Kochtopf. Mit einem Deckel verschließen und garen.
6. Servieren und genießen.

### Nährwert (Menge pro Portion):

- Kalorien 211
- Fett 17,4 g
- Kohlenhydrate 14,5 g
- Zucker 11,8 g
- Eiweiß 0,6 g
- Cholesterin 46 mg

## Gebackener Zucchini-Auflauf

Zubereitungszeit: 10 Minuten
Kochzeit: 40 Minuten
Servieren: 8

**Zutaten:**

- 4 Eier, leicht verquirlt
- 4 Tassen Zucchini, in Scheiben geschnitten
- 1 Esslöffel Butter, geschmolzen
- 2 Tassen zerkleinerte Cracker
- 1 1/2 Tasse Milch
- 2 Tassen Cheddar-Käse, geraspelt

**Wegbeschreibung:**

1. Geben Sie die geschnittenen Zucchini in die gefettete Auflaufform.
2. In einer Schüssel Eier, Butter, Milch und 1 Tasse Käse verquirlen und über die Zucchinischeiben gießen. Mit zerkleinerten Crackern und dem restlichen Käse bestreuen.
3. Setzen Sie den Kochtopf in das Gerät ein.
4. Wählen Sie den Backmodus, stellen Sie die Temperatur auf 350 F und die Zeit auf 40 Minuten ein. Drücken Sie start, um mit dem Vorheizen zu beginnen.
5. Wenn das Gerät vorgeheizt ist, stellen Sie die Auflaufform in den Kochtopf. Mit einem Deckel verschließen und garen.
6. Servieren und genießen.

**Nährwert (Menge pro Portion):**

- Kalorien 220
- Fett 15,5 g
- Kohlenhydrate 8,4 g
- Zucker 4,1 g
- Eiweiß 12,5 g
- Cholesterin 119 mg

# Kapitel 7: Snacks & Vorspeisen

## Gesunde & leckere gebratene Erbsen

Zubereitungszeit: 10 Minuten
Kochzeit: 15 Minuten
Servieren: 2

### Zutaten:

- 1 Tasse gefrorene Erbsen, auftauen und mit einem Papiertuch trocken tupfen
- 1 Teelöffel Knoblauchpulver
- 1/8 Teelöffel Chilipulver
- 1 Teelöffel Olivenöl
- Salz

### Wegbeschreibung:

1. Erbsen, Knoblauchpulver, Chilipulver, Öl und Salz in den Mixtopf geben und gut vermischen.
2. Stellen Sie den Gartopf in das Gerät und setzen Sie dann den Frittierkorb in den Topf.
3. Wählen Sie den Air-Crisp-Modus, stellen Sie die Temperatur auf 350 F und die Zeit auf 15 Minuten ein. Drücken Sie Start, um mit dem Vorheizen zu beginnen.
4. Wenn das Gerät vorgeheizt ist, geben Sie die Erbsen in den Frittierkorb. Mit einem Deckel verschließen und 15 Minuten lang garen. Rühren Sie die Erbsen nach der Hälfte der Zeit um.
5. Servieren und genießen.

### Nährwert (Menge pro Portion):

- Kalorien 88
- Fett 2,6 g
- Kohlenhydrate 12,5 g
- Zucker 4,1 g
- Eiweiß 4,4 g
- Cholesterin 0 mg

## Lecker gebratene Kichererbsen

Zubereitungszeit: 10 Minuten
Kochzeit: 20 Minuten
Servieren: 2

### Zutaten:

- 14,5 oz Dose Kichererbsen, abgetropft & gespült
- 1/8 Teelöffel gemahlener Ingwer
- 1 Teelöffel Knoblauchpulver
- 1 Teelöffel gemahlener Koriander
- 1 Teelöffel gemahlener Kreuzkümmel
- 2 Teelöffel Olivenöl

### Wegbeschreibung:

1. Geben Sie Kichererbsen, Ingwer, Knoblauchpulver, Koriander, Kreuzkümmel und Öl in eine Rührschüssel und mischen Sie sie gut.
2. Stellen Sie den Gartopf in das Gerät und setzen Sie dann den Frittierkorb in den Topf.
3. Wählen Sie den Air-Crisp-Modus, stellen Sie die Temperatur auf 370 F und die Zeit auf 20 Minuten ein. Drücken Sie Start, um mit dem Vorheizen zu beginnen.
4. Sobald das Gerät vorgeheizt ist, verteilen Sie die Kichererbsen im Frittierkorb. Mit einem Deckel verschließen und garen. Rühren Sie die Kichererbsen nach der Hälfte der Zeit um.
5. Servieren und genießen.

### Nährwert (Menge pro Portion):

- Kalorien 294
- Fett 7,3 g
- Kohlenhydrate 48 g
- Zucker 0,4 g
- Eiweiß 10,6 g
- Cholesterin 0 mg

## Wurst-Frikadellen

Zubereitungszeit: 10 Minuten
Kochzeit: 10 Minuten
Servieren: 4

### Zutaten:

- 1 Ei, leicht verquirlt
- 1 lb Schweinswurst
- 1/2 Esslöffel frischer Rosmarin, gehackt
- 2 Esslöffel frische Petersilie, gehackt
- 2 Esslöffel Paniermehl
- 2 Unzen Pimientos, gewürfelt
- 1/2 Teelöffel Currypulver
- 1 Teelöffel Knoblauch, gehackt
- 1 Esslöffel Olivenöl
- Pfeffer
- Salz

### Wegbeschreibung:

1. Geben Sie alle Zutaten in den Mixtopf und mischen Sie sie, bis sie gut miteinander verbunden sind.
2. Formen Sie aus der Fleischmischung 1-1/4-Zoll große Bällchen.
3. Stellen Sie den Gartopf in das Gerät und setzen Sie dann den Frittierkorb in den Topf.
4. Wählen Sie den Air-Crisp-Modus, stellen Sie die Temperatur auf 400 F und die Zeit auf 10 Minuten ein. Drücken Sie Start, um mit dem Vorheizen zu beginnen.
5. Sobald das Gerät vorgeheizt ist, legen Sie die Frikadellen in den Garkorb. Mit einem Deckel verschließen und 10 Minuten lang garen.
6. Servieren und genießen.

### Nährwert (Menge pro Portion):

- Kalorien 466
- Fett 37,2 g
- Kohlenhydrate 7,8 g
- Zucker 3,3 g
- Eiweiß 24,6 g
- Cholesterin 136 mg

## Einfache Kürbis-Pommes

Zubereitungszeit: 10 Minuten
Kochzeit: 12 Minuten
Servieren: 2

### Zutaten:

- 1/2 lb zarter Kürbis
- Pfeffer
- Salz

### Wegbeschreibung:

1. Schöpfen Sie die Kerne aus und schneiden Sie den Kürbis in die Pommesform.
2. In einer Schüssel die Kürbis-Pommes mit Pfeffer und Salz würzen.
3. Stellen Sie den Gartopf in das Gerät und setzen Sie dann den Frittierkorb in den Topf.
4. Wählen Sie den Air-Crisp-Modus, stellen Sie die Temperatur auf 390 F und die Zeit auf 12 Minuten ein. Drücken Sie Start, um mit dem Vorheizen zu beginnen.
5. Wenn das Gerät vorgeheizt ist, legen Sie die Pommes frites in den Frittierkorb. Mit einem Deckel verschließen und 12 Minuten lang garen. Wenden Sie die Pommes frites nach der Hälfte der Zeit.
6. Servieren und genießen.

### Nährwert (Menge pro Portion):

- Kalorien 40
- Fett 0 g
- Kohlenhydrate 0 g
- Zucker 4 g
- Eiweiß 1,4 g
- Cholesterin 0 mg

# Gefüllte Jalapenos

Zubereitungszeit: 10 Minuten
Kochzeit: 15 Minuten
Servieren: 4

**Zutaten:**

- 1/2 lb Jalapenos, halbiert & entkernt
- 1/4 Tasse Semmelbrösel
- 1/8 Teelöffel Paprika
- 1/8 Teelöffel Chilipulver
- 1/8 Teelöffel Knoblauchpulver
- 3 Scheiben Speck, gekocht & zerbröselt
- 6 Esslöffel Monterey Jack-Käse, geraspelt
- 6 Esslöffel Cheddar-Käse, geraspelt
- 4 oz Frischkäse, erweicht
- 1/8 Teelöffel Salz

**Wegbeschreibung:**

1. Mischen Sie in einer Schüssel Frischkäse, Cheddar-Käse, Monterey Jack-Käse, Speck, Knoblauchpulver, Chilipulver, Paprika, Semmelbrösel und Salz.
2. Füllen Sie die Frischkäsemischung in jede Jalapeno-Hälfte.
3. Stellen Sie den Gartopf in das Gerät und setzen Sie dann den Frittierkorb in den Topf.
4. Wählen Sie den Air-Crisp-Modus, stellen Sie die Temperatur auf 325 F und die Zeit auf 15 Minuten ein. Drücken Sie Start, um mit dem Vorheizen zu beginnen.
5. Wenn das Gerät vorgeheizt ist, legen Sie die gefüllten Paprikaschoten in den Garkorb. Mit einem Deckel verschließen und 15 Minuten lang garen.
6. Servieren und genießen.

**Nährwert (Menge pro Portion):**

- Kalorien 303
- Fett 23,3 g
- Kohlenhydrate 9,5 g
- Zucker 2,6 g
- Eiweiß 14,4 g
- Cholesterin 67 mg

## Geröstete Nüsse

Zubereitungszeit: 10 Minuten
Kochzeit: 20 Minuten
Servieren: 4

**Zutaten:**

- 2 Tassen gemischte Nüsse
- 1/2 Teelöffel Paprika
- 1 Esslöffel Zucker
- 1 Teelöffel Zimt
- 2 Esslöffel Eiweiß

**Wegbeschreibung:**

1. In einer Schüssel gemischte Nüsse, Paprika, Zucker, Zimt und Eiweiß hinzufügen und gut vermischen.
2. Stellen Sie den Gartopf in das Gerät und setzen Sie dann den Frittierkorb in den Topf.
3. Wählen Sie den Air-Crisp-Modus, stellen Sie die Temperatur auf 300 F und die Zeit auf 20 Minuten ein. Drücken Sie Start, um mit dem Vorheizen zu beginnen.
4. Sobald das Gerät vorgeheizt ist, geben Sie gemischte Nüsse in den Frittierkorb. Mit einem Deckel verschließen und 20 Minuten lang garen. Rühren Sie die Nüsse nach der Hälfte der Zeit um.
5. Servieren und genießen.

**Nährwert (Menge pro Portion):**

- Kalorien 460
- Fett 40,5 g
- Kohlenhydrate 19,7 g
- Zucker 6,2 g
- Eiweiß 12,1 g
- Cholesterin 0 mg

## Gesunde Yuca-Pommes

Zubereitungszeit: 10 Minuten
Kochzeit: 15 Minuten
Servieren: 2

### Zutaten:

- 1 lb Yuca, geschält & in Pommesform geschnitten
- 1 Esslöffel getrocknete Petersilie
- 1/2 Teelöffel Knoblauchpulver
- 1/4 Tasse Olivenöl
- 1 Teelöffel getrockneter Oregano
- 1/2 Teelöffel Paprika
- 1/2 Teelöffel Salz

### Wegbeschreibung:

1. Kochen Sie die Yuca-Pommes in 2 Tassen Wasser für 5 Minuten. Gut abtropfen lassen, trocken tupfen und in eine große Schüssel geben.
2. Geben Sie die restlichen Zutaten in die Schüssel und mischen Sie sie gut.
3. Stellen Sie den Gartopf in das Gerät und setzen Sie dann den Frittierkorb in den Topf.
4. Wählen Sie den Air-Crisp-Modus, stellen Sie die Temperatur auf 380 F und die Zeit auf 15 Minuten ein. Drücken Sie Start, um mit dem Vorheizen zu beginnen.
5. Wenn das Gerät vorgeheizt ist, legen Sie die Yucca-Pommes in den Frittierkorb. Mit einem Deckel verschließen und 15 Minuten lang garen.
6. Servieren und genießen.

### Nährwert (Menge pro Portion):

- Kalorien 495
- Fett 25,4 g
- Kohlenhydrate 62,7 g
- Zucker 0,3 g
- Eiweiß 7,1 g
- Cholesterin 0 mg

## Leckere Hähnchen-Patties

Zubereitungszeit: 10 Minuten
Kochzeit: 12 Minuten
Servieren: 4

### Zutaten:

- 1 lb gemahlenes Huhn
- 1/2 Teelöffel italienisches Gewürz
- 1/2 Teelöffel Knoblauchpulver
- 1 Teelöffel Zwiebelpulver
- 1 Esslöffel Petersilie, gehackt
- 1/2 Tasse Parmesankäse, gerieben
- 1/4 Tasse griechischer Joghurt
- 1/2 Teelöffel Salz

### Wegbeschreibung:

1. Geben Sie alle Zutaten in den Mixtopf und mischen Sie sie, bis sie gut miteinander verbunden sind.
2. Formen Sie aus der Fleischmischung kleine Patties.
3. Stellen Sie den Gartopf in das Gerät und setzen Sie dann den Frittierkorb in den Topf.
4. Wählen Sie den Air-Crisp-Modus, stellen Sie die Temperatur auf 400 F und die Zeit auf 12 Minuten ein. Drücken Sie Start, um mit dem Vorheizen zu beginnen.
5. Sobald das Gerät vorgeheizt ist, legen Sie die Patties in den Frittierkorb. Mit einem Deckel verschließen und 12 Minuten lang garen. Wenden Sie die Patties nach der Hälfte der Zeit.
6. Servieren und genießen.

### Nährwert (Menge pro Portion):

- Kalorien 266
- Fett 11,3 g
- Kohlenhydrate 1,8 g
- Zucker 0,9 g
- Eiweiß 37,8 g
- Cholesterin 110 mg

## Einfache Wurstbällchen

Zubereitungszeit: 10 Minuten
Kochzeit: 18 Minuten
Servieren: 4

**Zutaten:**

- 1 lb gemahlene Schweinefleischwurst
- 1 Tasse Cheddar-Käse, geraspelt
- 1 Tasse Mandelmehl
- Pfeffer
- Salz

**Wegbeschreibung:**

1. Geben Sie alle Zutaten in den Mixtopf und mischen Sie sie, bis sie gut miteinander verbunden sind.
2. Aus der Fleischmischung Frikadellen formen.
3. Stellen Sie den Gartopf in das Gerät und setzen Sie dann den Frittierkorb in den Topf.
4. Wählen Sie den Air-Crisp-Modus, stellen Sie die Temperatur auf 375 F und die Zeit auf 18 Minuten ein. Drücken Sie Start, um mit dem Vorheizen zu beginnen.
5. Sobald das Gerät vorgeheizt ist, legen Sie die Frikadellen in den Garkorb. Mit einem Deckel verschließen und 18 Minuten lang garen. Wurstbällchen nach der Hälfte der Zeit wenden.
6. Servieren und genießen.

**Nährwert (Menge pro Portion):**

- Kalorien 514
- Fett 42,9 g
- Kohlenhydrate 1,9 g
- Zucker 0,4 g
- Eiweiß 28,5 g
- Cholesterin 130 mg

## Würzige Tofu-Häppchen

Zubereitungszeit: 10 Minuten
Kochzeit: 13 Minuten
Servieren: 4

**Zutaten:**

- 12 oz extra-fester Tofu-Block, in 1/2-Zoll-Würfel geschnitten
- 1/2 Teelöffel Pfeffer
- 1 Teelöffel Knoblauchpulver
- 1 Teelöffel Zwiebelpulver
- 1 Teelöffel Paprika
- 2 Teelöffel Speisestärke
- 1 Esslöffel Olivenöl
- 1/2 Teelöffel Salz

**Wegbeschreibung:**

1. Geben Sie den Tofu und die restlichen Zutaten in den Mixtopf und schwenken Sie sie gut, um sie zu überziehen.
2. Stellen Sie den Gartopf in das Gerät und setzen Sie dann den Frittierkorb in den Topf.
3. Wählen Sie den Air-Crisp-Modus, stellen Sie die Temperatur auf 390 F und die Zeit auf 13 Minuten ein. Drücken Sie Start, um mit dem Vorheizen zu beginnen.
4. Sobald das Gerät vorgeheizt ist, legen Sie die Tofuwürfel in den Frittierkorb. Mit einem Deckel verschließen und 13 Minuten lang garen. Tofustücke nach der Hälfte der Zeit umrühren.
5. Servieren und genießen.

**Nährwert (Menge pro Portion):**

- Kalorien 85
- Fett 5,2 g
- Kohlenhydrate 3,8 g
- Zucker 0,4 g
- Eiweiß 7,9 g
- Cholesterin 0 mg

# Gesunde Karotten-Pommes

Zubereitungszeit: 10 Minuten
Kochzeit: 15 Minuten
Servieren: 4

## Zutaten:

- 2 Möhren, geschält und in Pommes geschnitten
- 1/4 Teelöffel Knoblauchpulver
- 1 Esslöffel Olivenöl
- 1 Esslöffel Parmesankäse, gerieben
- Pfeffer
- Salz

## Wegbeschreibung:

1. Möhren und restliche Zutaten in die Schüssel geben und gut durchschwenken.
2. Stellen Sie den Gartopf in das Gerät und setzen Sie dann den Frittierkorb in den Topf.
3. Wählen Sie den Air-Crisp-Modus, stellen Sie die Temperatur auf 350 F und die Zeit auf 15 Minuten ein. Drücken Sie Start, um mit dem Vorheizen zu beginnen.
4. Wenn das Gerät vorgeheizt ist, legen Sie die Karotten-Pommes in den Frittierkorb. Mit einem Deckel verschließen und 15 Minuten lang garen. Nach der Hälfte der Zeit umrühren.
5. Servieren und genießen.

## Nährwert (Menge pro Portion):

- Kalorien 53
- Fett 4,1 g
- Kohlenhydrate 3,3 g
- Zucker 1,5 g
- Eiweiß 1,2 g
- Cholesterin 2 mg

## Leckere Kartoffel-Nuggets

Zubereitungszeit: 10 Minuten
Kochzeit: 12 Minuten
Servieren: 4

**Zutaten:**

- 2 Tassen Kartoffeln, gewürfelt
- 4 Tassen Grünkohl, zerkleinert
- ½ Teelöffel Knoblauch, gehackt
- 1 Teelöffel Olivenöl
- 2 Esslöffel Milch
- Pfeffer
- Salz

**Wegbeschreibung:**

1. Geben Sie 5 Tassen Wasser in einen Suppentopf und bringen Sie es zum Kochen. Kartoffeln hinzufügen und kochen, bis sie weich sind. Gut abtropfen lassen.
2. Erhitzen Sie Öl in einer Pfanne bei mittlerer bis hoher Hitze.
3. Grünkohl hinzufügen und 3 Minuten lang kochen. Knoblauch hinzufügen und 30 Sekunden lang umrühren.
4. Geben Sie den Grünkohl in eine Schüssel.
5. Fügen Sie Kartoffeln, Milch, Pfeffer und Salz hinzu und zerdrücken Sie die Kartoffeln mit einer Gabel und rühren Sie sie um.
6. Formen Sie aus der Kartoffelmischung kleine Nuggets.
7. Stellen Sie den Gartopf in das Gerät und setzen Sie dann den Frittierkorb in den Topf.
8. Wählen Sie den Air-Crisp-Modus, stellen Sie die Temperatur auf 390 F und die Zeit auf 12 Minuten ein. Drücken Sie Start, um mit dem Vorheizen zu beginnen.
9. Sobald das Gerät vorgeheizt ist, legen Sie die Kartoffelnuggets in den Frittierkorb. Mit einem Deckel verschließen und 12 Minuten lang garen.
10. Servieren und genießen.

**Nährwert (Menge pro Portion):**

- Kalorien 100
- Fett 1,4 g
- Kohlenhydrate 19,4 g
- Zucker 1,2 g
- Eiweiß 3,6 g
- Cholesterin 1 mg

## Zimt-Süßkartoffel-Bissen

Zubereitungszeit: 10 Minuten
Kochzeit: 25 Minuten
Servieren: 4

### Zutaten:

- 3 mittelgroße Süßkartoffeln, schälen und in Würfel schneiden
- 2 Esslöffel Honig
- 1 Esslöffel Olivenöl
- 2 Teelöffel Zimt

### Wegbeschreibung:

1. Geben Sie die Süßkartoffeln in den Mixtopf.
2. Die restlichen Zutaten über die Süßkartoffeln geben und gut durchschwenken.
3. Stellen Sie den Gartopf in das Gerät und setzen Sie dann den Frittierkorb in den Topf.
4. Wählen Sie den Air-Crisp-Modus, stellen Sie die Temperatur auf 400 F und die Zeit auf 25 Minuten ein. Drücken Sie Start, um mit dem Vorheizen zu beginnen.
5. Sobald das Gerät vorgeheizt ist, legen Sie die Süßkartoffeln in den Frittierkorb. Mit einem Deckel verschließen und 25 Minuten lang garen. Nach der Hälfte der Zeit umrühren.
6. Servieren und genießen.

### Nährwert (Menge pro Portion):

- Kalorien 198
- Fett 3,7 g
- Kohlenhydrate 41 g
- Zucker 9,2 g
- Eiweiß 1,8 g
- Cholesterin 0 mg

## Pikante Erdnüsse

Zubereitungszeit: 10 Minuten
Kochzeit: 20 Minuten
Servieren: 4

### Zutaten:

- 4 oz Erdnüsse
- 1 1/2 Teelöffel Old Bay Gewürz
- 1 Esslöffel Olivenöl
- 1/2 Teelöffel Cayennepfeffer
- Salz

### Wegbeschreibung:

1. Mischen Sie in einer Schüssel Cayennepfeffer, Lorbeergewürz, Olivenöl und Salz. Erdnüsse hinzufügen und umrühren, bis sie gut bedeckt sind.
2. Stellen Sie den Gartopf in das Gerät und setzen Sie dann den Frittierkorb in den Topf.
3. Wählen Sie den Air-Crisp-Modus, stellen Sie die Temperatur auf 320 F und die Zeit auf 20 Minuten ein. Drücken Sie Start, um mit dem Vorheizen zu beginnen.
4. Sobald das Gerät vorgeheizt ist, legen Sie die Erdnüsse in den Frittierkorb. Mit einem Deckel verschließen und 20 Minuten lang garen. Nach der Hälfte der Zeit umrühren.
5. Servieren und genießen.

### Nährwert (Menge pro Portion):

- Kalorien 191
- Fett 17,5 g
- Kohlenhydrate 4,7 g
- Zucker 1,2 g
- Eiweiß 7,3 g
- Cholesterin 0 mg

## Pikante Cashewnüsse

Zubereitungszeit: 10 Minuten
Kochzeit: 5 Minuten
Servieren: 6

### Zutaten:

- 3 Tassen Cashews
- 1 Teelöffel gemahlener Koriander
- 1 Teelöffel Paprika
- 2 Esslöffel Olivenöl
- 1 Teelöffel gemahlener Kreuzkümmel
- Salz

### Wegbeschreibung:

1. Cashews und restliche Zutaten in die große Schüssel geben und gut durchschwenken.
2. Stellen Sie den Gartopf in das Gerät und setzen Sie dann den Frittierkorb in den Topf.
3. Wählen Sie den Air-Crisp-Modus, stellen Sie die Temperatur auf 330 F und die Zeit auf 5 Minuten ein. Drücken Sie Start, um mit dem Vorheizen zu beginnen.
4. Sobald das Gerät vorgeheizt ist, legen Sie die Cashews in den Frittierkorb. Mit einem Deckel verschließen und 5 Minuten lang garen.
5. Servieren und genießen.

### Nährwert (Menge pro Portion):

- Kalorien 436
- Fett 36,6 g
- Kohlenhydrate 22,7 g
- Zucker 3,5 g
- Eiweiß 10,6 g
- Cholesterin 0 mg

# Kapitel 8: Dehydrieren

## Mango-Scheiben

Zubereitungszeit: 10 Minuten
Kochzeit: 12 Stunden
Servieren: 2

### Zutaten:

- 2 Mangos, schälen und in 1/4-Zoll dicke Scheiben schneiden
- 1/2 Esslöffel Honig
- 2 Esslöffel Zitronensaft

### Wegbeschreibung:

1. In einer Schüssel Zitronensaft und Honig verrühren. Mangoscheiben hinzufügen und gut ummanteln.
2. Stellen Sie den Gartopf in das Gerät und setzen Sie dann den Frittierkorb in den Topf.
3. Legen Sie die Mangoscheiben in den Frischekorb.
4. Wählen Sie den Dehydratisierungsmodus, stellen Sie die Temperatur auf 135 F und die Zeit auf 12 Stunden ein. Schließen Sie mit einem Deckel und drücken Sie Start.
5. Servieren und genießen.

### Nährwert (Menge pro Portion):

- Kalorien 221
- Fett 1,4 g
- Kohlenhydrate 55 g
- Zucker 50,5 g
- Eiweiß 2,9 g
- Cholesterin 0 mg

# Grüne Apfelchips

Zubereitungszeit: 10 Minuten
Kochzeit: 8 Stunden
Servieren: 2

**Zutaten:**

- 2 grüne Äpfel, entkernt und in 1/8 Zoll dicke Scheiben geschnitten
- 1 Esslöffel Limettensaft

**Wegbeschreibung:**

1. Apfelscheiben und Limettensaft in eine Schüssel geben, gut durchschwenken und 10 Minuten beiseite stellen.
2. Stellen Sie den Gartopf in das Gerät und setzen Sie dann den Frittierkorb in den Topf.
3. Legen Sie die Apfelscheiben in den Frischekorb.
4. Wählen Sie den Dehydratisierungsmodus, stellen Sie die Temperatur auf 145 F und die Zeit auf 8 Stunden ein. Schließen Sie mit einem Deckel und drücken Sie Start.
5. Servieren und genießen.

**Nährwert (Menge pro Portion):**

- Kalorien 122
- Fett 0,4 g
- Kohlenhydrate 32,7 g
- Zucker 23,6 g
- Eiweiß 0,7 g
- Cholesterin 0 mg

# Getrocknete Himbeeren

Zubereitungszeit: 10 Minuten
Kochzeit: 12 Stunden
Servieren: 2

**Zutaten:**

- 2 Tassen Himbeeren, waschen und trocknen
- 2 Esslöffel Zitronensaft

**Wegbeschreibung:**

1. Himbeeren und Zitronensaft in eine Schüssel geben und gut durchschwenken.
2. Stellen Sie den Gartopf in das Gerät und setzen Sie dann den Frittierkorb in den Topf.
3. Legen Sie die Himbeeren in den Frischekorb.
4. Wählen Sie den Dehydratisierungsmodus, stellen Sie die Temperatur auf 135 F und die Zeit auf 12 Stunden ein. Schließen Sie mit einem Deckel und drücken Sie Start.
5. Servieren und genießen.

**Nährwert (Menge pro Portion):**

- Kalorien 68
- Fett 0,9 g
- Kohlenhydrate 15 g
- Zucker 5,8 g
- Eiweiß 1,6 g
- Cholesterin 0 mg

# Avocado-Chips

Zubereitungszeit: 10 Minuten
Kochzeit: 10 Stunden
Servieren: 2

## Zutaten:

- 2 Avocados, halbiert, entkernt und in Scheiben geschnitten.
- 1 Esslöffel Zitronensaft
- 1/4 Teelöffel Cayennepfeffer
- Salz

## Wegbeschreibung:

1. Beträufeln Sie die Avocadoscheiben mit Zitronensaft und bestreuen Sie sie mit Cayennepfeffer und Salz.
2. Stellen Sie den Gartopf in das Gerät und setzen Sie dann den Frittierkorb in den Topf.
3. Legen Sie die Avocadoscheiben in den Frittierkorb.
4. Wählen Sie den Dehydratisierungsmodus, stellen Sie die Temperatur auf 160 F und die Zeit auf 10 Stunden ein. Schließen Sie mit einem Deckel und drücken Sie Start.
5. Servieren und genießen.

## Nährwert (Menge pro Portion):

- Kalorien 413
- Fett 39,3 g
- Kohlenhydrate 17,6 g
- Zucker 1,2 g
- Eiweiß 3,9 g
- Cholesterin 0 mg

# Erdbeer-Chips

Zubereitungszeit: 10 Minuten
Kochzeit: 12 Stunden
Servieren: 3

### Zutaten:

- 1 Tasse Erdbeeren, in 1/8-Zoll dicke Scheiben geschnitten

### Wegbeschreibung:

1. Stellen Sie den Gartopf in das Gerät und setzen Sie dann den Frittierkorb in den Topf.
2. Legen Sie die Erdbeerscheiben in den Frischekorb.
3. Wählen Sie den Dehydratisierungsmodus, stellen Sie die Temperatur auf 130 F und die Zeit auf 12 Minuten ein. Schließen Sie mit einem Deckel und drücken Sie Start.
4. Servieren und genießen.

### Nährwert (Menge pro Portion):

- Kalorien 15
- Fett 0,1 g
- Kohlenhydrate 3,7 g
- Zucker 2,4 g
- Eiweiß 0,3 g
- Cholesterin 0 mg

## Süßkartoffel-Chips

Zubereitungszeit: 10 Minuten
Kochzeit: 12 Stunden
Servieren: 3

### Zutaten:

- 1 Süßkartoffel, in dünne Scheiben geschnitten
- 3 Esslöffel Olivenöl
- 1/2 Teelöffel Chilipulver
- 1 Esslöffel Kreuzkümmel
- 1 Teelöffel Salz

### Wegbeschreibung:

1. Süßkartoffelscheiben in die große Schüssel geben. Chilipulver, Kreuzkümmel, Öl und Salz vermengen und über die Süßkartoffelscheiben geben und gut durchschwenken.
2. Stellen Sie den Gartopf in das Gerät und setzen Sie dann den Frittierkorb in den Topf.
3. Legen Sie die Süßkartoffelscheiben in den Frittierkorb.
4. Wählen Sie den Dehydratisierungsmodus, stellen Sie die Temperatur auf 125 F und die Zeit auf 12 Stunden ein. Schließen Sie mit einem Deckel und drücken Sie Start.
5. Servieren und genießen.

### Nährwert (Menge pro Portion):

- Kalorien 163
- Fett 14,6 g
- Kohlenhydrate 9 g
- Zucker 2,6 g
- Eiweiß 1,2 g
- Cholesterin 0 mg

# Gurken-Chips

Zubereitungszeit: 10 Minuten
Kochzeit: 12 Stunden
Servieren: 2

**Zutaten:**

- 1 Salatgurke, in Scheiben geschnitten
- 1 Teelöffel Olivenöl
- Salz

**Wegbeschreibung:**

1. Schwenken Sie die Gurkenscheiben in einer Schüssel mit Öl und Salz.
2. Stellen Sie den Gartopf in das Gerät und setzen Sie dann den Frittierkorb in den Topf.
3. Legen Sie die Gurkenscheiben in den Frischekorb.
4. Wählen Sie den Dehydratisierungsmodus, stellen Sie die Temperatur auf 135 F und die Zeit auf 12 Stunden ein. Schließen Sie mit einem Deckel und drücken Sie Start.
5. Servieren und genießen.

**Nährwert (Menge pro Portion):**

- Kalorien 44
- Fett 2,5 g
- Kohlenhydrate 5,7 g
- Zucker 2,5 g
- Eiweiß 1,1 g
- Cholesterin 0 mg

# Rote Beete Chips

Zubereitungszeit: 10 Minuten
Kochzeit: 10 Stunden
Servieren: 2

## Zutaten:

- 1 mittelgroße Rübe, in dünne Scheiben geschnitten
- Meersalz

## Wegbeschreibung:

1. Stellen Sie den Gartopf in das Gerät und setzen Sie dann den Frittierkorb in den Topf.
2. Legen Sie die Rübenscheiben in den Frittierkorb.
3. Wählen Sie den Dehydratisierungsmodus, stellen Sie die Temperatur auf 135 F und die Zeit auf 10 Stunden ein. Schließen Sie mit einem Deckel und drücken Sie Start.
4. Servieren und genießen.

## Nährwert (Menge pro Portion):

- Kalorien 22
- Fett 0,1 g
- Kohlenhydrate 5 g
- Zucker 4 g
- Eiweiß 0,8 g
- Cholesterin 0 mg

# Karotte Chips

Zubereitungszeit: 10 Minuten
Kochzeit: 10 Stunden
Servieren: 3

**Zutaten:**

- 2 Möhren, schälen und in dünne Scheiben schneiden
- 1 Teelöffel frischer Zitronensaft
- Salz

**Wegbeschreibung:**

1. Möhren, Zitronensaft und Salz in eine Schüssel geben und gut durchschwenken.
2. Stellen Sie den Gartopf in das Gerät und setzen Sie dann den Frittierkorb in den Topf.
3. Legen Sie die Möhrenscheiben in den Frittierkorb.
4. Wählen Sie den Dehydratisierungsmodus, stellen Sie die Temperatur auf 115 F und die Zeit auf 10 Stunden ein. Schließen Sie mit einem Deckel und drücken Sie Start.
5. Servieren und genießen.

**Nährwert (Menge pro Portion):**

- Kalorien 18
- Fett 0 g
- Kohlenhydrate 4,2 g
- Zucker 2 g
- Eiweiß 0,4 g
- Cholesterin 0 mg

# Dehydrierte Ananas

Zubereitungszeit: 10 Minuten
Kochzeit: 12 Stunden
Servieren: 3

## Zutaten:

- 6 Ananasscheiben, 1/4-Zoll dick

## Wegbeschreibung:

1. Stellen Sie den Gartopf in das Gerät und setzen Sie dann den Frittierkorb in den Topf.
2. Legen Sie die Ananasscheiben in den Frischekorb.
3. Wählen Sie den Dehydratisierungsmodus, stellen Sie die Temperatur auf 135 F und die Zeit auf 12 Stunden ein. Schließen Sie mit einem Deckel und drücken Sie Start.
4. Servieren und genießen.

## Nährwert (Menge pro Portion):

- Kalorien 133
- Fett 1,3 g
- Kohlenhydrate 19,3 g
- Zucker 16,7 g
- Eiweiß 2 g
- Cholesterin 0 mg

# Orange Chips

Zubereitungszeit: 10 Minuten
Kochzeit: 12 Stunden
Servieren: 2

## Zutaten:

- 2 Orangen, kernlos, schälen und in Scheiben schneiden

## Wegbeschreibung:

1. Stellen Sie den Gartopf in das Gerät und setzen Sie dann den Frittierkorb in den Topf.
2. Legen Sie die Orangenscheiben in den Frischekorb.
3. Wählen Sie den Dehydratisierungsmodus, stellen Sie die Temperatur auf 135 F und die Zeit auf 12 Stunden ein. Schließen Sie mit einem Deckel und drücken Sie Start.
4. Servieren und genießen.

## Nährwert (Menge pro Portion):

- Kalorien 58
- Fett 0,2 g
- Kohlenhydrate 14,4 g
- Zucker 11,5 g
- Eiweiß 1,2 g
- Cholesterin 0 mg

# Kiwi-Chips

Zubereitungszeit: 10 Minuten
Kochzeit: 12 Stunden
Servieren: 4

### Zutaten:

- 3 Kiwis, schälen und in 1/4-Zoll dicke Scheiben schneiden

### Wegbeschreibung:

1. Stellen Sie den Gartopf in das Gerät und setzen Sie dann den Frittierkorb in den Topf.
2. Legen Sie die Kiwischeiben in den Frischekorb.
3. Wählen Sie den Dehydratisierungsmodus, stellen Sie die Temperatur auf 135 F und die Zeit auf 12 Stunden ein. Schließen Sie mit einem Deckel und drücken Sie Start.
4. Servieren und genießen.

### Nährwert (Menge pro Portion):

- Kalorien 15
- Fett 1,2 g
- Kohlenhydrate 1 g
- Zucker 0,5 g
- Eiweiß 0,3 g
- Cholesterin 0 mg

## Apfel-Chips

Zubereitungszeit: 10 Minuten
Kochzeit: 8 Stunden
Servieren: 4

### Zutaten:

- 2 Äpfel, in 1/8-Zoll dicke Scheiben geschnitten
- 1 Teelöffel Zimt

### Wegbeschreibung:

1. Stellen Sie den Gartopf in das Gerät und setzen Sie dann den Frittierkorb in den Topf.
2. Ordnen Sie die Apfelscheiben im Frischekorb an und bestreuen Sie sie mit Zimt.
3. Wählen Sie den Dehydratisierungsmodus, stellen Sie die Temperatur auf 135 F und die Zeit auf 8 Stunden ein. Schließen Sie mit einem Deckel und drücken Sie Start.
4. Servieren und genießen.

### Nährwert (Menge pro Portion):

- Kalorien 59
- Fett 0,2 g
- Kohlenhydrate 15,9 g
- Zucker 11,6 g
- Eiweiß 0,3 g
- Cholesterin 0 mg

# Auberginen-Scheiben

Zubereitungszeit: 10 Minuten
Kochzeit: 6 Stunden
Servieren: 2

### Zutaten:

- 1 mittelgroße Aubergine, in 1/4-Zoll dicke Scheiben geschnitten
- 1 1/2 Teelöffel Paprika
- 1/4 Teelöffel Zwiebelpulver
- 1/4 Teelöffel Knoblauchpulver

### Wegbeschreibung:

1. Auberginenscheiben, Zwiebelpulver, Knoblauchpulver und Paprika in den Mixtopf geben und gut durchschwenken.
2. Stellen Sie den Gartopf in das Gerät und setzen Sie dann den Frittierkorb in den Topf.
3. Legen Sie die Auberginenscheiben in den Frittierkorb.
4. Wählen Sie den Dehydratisierungsmodus, stellen Sie die Temperatur auf 140 F und die Zeit auf 6 Stunden ein. Schließen Sie mit einem Deckel und drücken Sie Start.
5. Servieren und genießen.

### Nährwert (Menge pro Portion):

- Kalorien 64
- Fett 0,6 g
- Kohlenhydrate 14,8 g
- Zucker 7,2 g
- Eiweiß 2,6 g
- Cholesterin 0 mg

# Kürbis-Chips

Zubereitungszeit: 10 Minuten
Kochzeit: 12 Stunden
Servieren: 8

### Zutaten:

- 2 Tassen gelber Kürbis, in 1/8-Zoll dicke Scheiben geschnitten
- 2 Teelöffel Olivenöl
- 2 Esslöffel Essig
- Salz

### Wegbeschreibung:

1. Geben Sie die Kürbisscheiben in die große Schüssel.
2. Essig, Öl und Salz über die Kürbisscheiben geben und gut durchschwenken.
3. Stellen Sie den Gartopf in das Gerät und setzen Sie dann den Frittierkorb in den Topf.
4. Legen Sie den gelben Kürbis in den Frischekorb.
5. Wählen Sie den Dehydratisierungsmodus, stellen Sie die Temperatur auf 110 F und die Zeit auf 12 Stunden ein. Schließen Sie mit einem Deckel und drücken Sie Start.
6. Servieren und genießen.

### Nährwert (Menge pro Portion):

- Kalorien 15
- Fett 1,2 g
- Kohlenhydrate 1 g
- Zucker 0,5 g
- Eiweiß 0,3 g
- Cholesterin 0 mg

# Kapitel 9: Nachspeisen

## Gewürzäpfel

Zubereitungszeit: 10 Minuten
Kochzeit: 10 Minuten
Servieren: 6

### Zutaten:

- 4 Äpfel, in Scheiben geschnitten
- 1 Teelöffel Apfelkuchengewürz
- 1/2 Tasse Erythritol
- 2 Esslöffel Butter, geschmolzen

### Wegbeschreibung:

1. Geben Sie die Apfelspalten in eine große Schüssel und bestreuen Sie sie mit Süßstoff und Apfelkuchengewürz.
2. Fügen Sie die geschmolzene Butter hinzu und schwenken Sie sie zum Überziehen.
3. Geben Sie die Apfelscheiben in eine Auflaufform.
4. Setzen Sie den Kochtopf in das Gerät ein.
5. Wählen Sie den Backmodus, stellen Sie die Temperatur auf 350 F und die Zeit auf 10 Minuten ein. Drücken Sie start, um mit dem Vorheizen zu beginnen.
6. Sobald das Gerät vorgeheizt ist, stellen Sie die Auflaufform in den Kochtopf. Mit einem Deckel verschließen und garen.
7. Servieren und genießen.

### Nährwert (Menge pro Portion):

- Kalorien 73
- Fett 4,6 g
- Kohlenhydrate 8,2 g
- Zucker 5,4 g
- Eiweiß 0 g
- Cholesterin 0 mg

# Blaubeer-Muffins

Zubereitungszeit: 10 Minuten
Kochzeit: 20 Minuten
Servieren: 12

### Zutaten:

- 3 große Eier
- 1/3 Tasse Milch
- 1/3 Tasse Kokosnussöl, geschmolzen
- 1 1/2 Teelöffel Backpulver
- 1/2 Tasse Erythritol
- 2 1/2 Tassen Mandelmehl
- 3/4 Tasse Heidelbeeren
- 1/2 Teelöffel Vanille

### Wegbeschreibung:

1. Mischen Sie in einer großen Schüssel Mandelmehl, Backpulver und Erythrit zusammen.
2. Kokosnussöl, Vanille, Eier und Milch unterrühren. Blaubeeren hinzufügen und gut unterheben.
3. Gießen Sie den Teig in die Silikonmuffinförmchen.
4. Setzen Sie den Kochtopf in das Gerät ein.
5. Wählen Sie den Backmodus, stellen Sie die Temperatur auf 325 F und die Zeit auf 20 Minuten ein. Drücken Sie start, um mit dem Vorheizen zu beginnen.
6. Sobald das Gerät vorgeheizt ist, setzen Sie die Muffinformen in den Kochtopf. Mit einem Deckel verschließen und garen.
7. Servieren und genießen.

### Nährwert (Menge pro Portion):

- Kalorien 215
- Fett 19 g
- Kohlenhydrate 5 g
- Zucker 2 g
- Eiweiß 7 g
- Cholesterin 45 mg

# Pfundskuchen

Zubereitungszeit: 10 Minuten
Zubereitungszeit: 35 Minuten
Servieren: 9

## Zutaten:

- 5 Eier
- 1/2 Tasse Butter, erweicht
- 1 Teelöffel Backpulver
- 7 oz Mandelmehl
- 1 Teelöffel Vanille
- 1 Teelöffel Orangenextrakt
- 1 Tasse Splenda
- 4 oz Frischkäse, erweicht

## Wegbeschreibung:

1. Geben Sie alle Zutaten in die Rührschüssel und mischen Sie, bis der Teig schaumig ist.
2. Gießen Sie den Teig in die gefettete Auflaufform.
3. Setzen Sie den Kochtopf in das Gerät ein.
4. Wählen Sie den Backmodus, stellen Sie die Temperatur auf 350 F und die Zeit auf 35 Minuten ein. Drücken Sie start, um mit dem Vorheizen zu beginnen.
5. Sobald das Gerät vorgeheizt ist, stellen Sie die Auflaufform in den Kochtopf. Mit einem Deckel verschließen und garen.
6. In Scheiben schneiden und servieren.

## Nährwert (Menge pro Portion):

- Kalorien 287
- Fett 27,2 g
- Kohlenhydrate 5,2 g
- Zucker 1 g
- Eiweiß 8,5 g
- Cholesterin 132 mg

## Schoko-Mandel-Muffins

Zubereitungszeit: 10 Minuten
Kochzeit: 30 Minuten
Servieren: 8

**Zutaten:**

- 2 Eier
- 1/2 Tasse Sahne
- 1 Teelöffel Vanilleextrakt
- 4 Esslöffel Swerve
- 1/2 Tasse Kakaopulver
- 1 Tasse gemahlene Mandeln

**Wegbeschreibung:**

1. Mischen Sie in einer Schüssel alle trockenen Zutaten zusammen.
2. In einer anderen Schüssel schlagen Sie Eier, Vanille und Sahne zusammen.
3. Gießen Sie die Eiermischung zu den trockenen Zutaten und mischen Sie sie gut durch.
4. Gießen Sie den Teig in die Silikonmuffinförmchen.
5. Setzen Sie den Kochtopf in das Gerät ein.
6. Wählen Sie den Backmodus, stellen Sie die Temperatur auf 375 F und die Zeit auf 30 Minuten ein. Drücken Sie start, um mit dem Vorheizen zu beginnen.
7. Sobald das Gerät vorgeheizt ist, setzen Sie die Muffinformen in den Kochtopf. Mit einem Deckel verschließen und garen.
8. Servieren und genießen.

**Nährwert (Menge pro Portion):**

- Kalorien 86
- Fett 6,9 g
- Kohlenhydrate 9,7 g
- Eiweiß 4 g
- Zucker 0,8 g
- Cholesterin 35mg

## Feuchte Brownies

Zubereitungszeit: 10 Minuten
Kochzeit: 40 Minuten
Servieren: 8

**Zutaten:**

- 1/4 Tasse Walnüsse, gehackt
- 1/2 Tasse Butter, geschmolzen
- 1/2 Tasse Schokoladenchips
- 2 Teelöffel Vanille
- 1 Esslöffel Milch
- 3/4 Tasse Joghurt
- 1 Tasse Allzweckmehl
- 1/3 Tasse Kakaopulver
- 2 Teelöffel Backpulver
- 1 Tasse Zucker
- 1/4 Teelöffel Salz

**Wegbeschreibung:**

1. Mehl, Backpulver, Kakaopulver und Salz in einer Schüssel mischen. Beiseite stellen.
2. Geben Sie in einer anderen Schüssel Butter, Vanille, Milch und Joghurt hinzu und rühren Sie, bis sich alles verbunden hat.
3. Mehlmischung in die Buttermischung geben und verrühren, bis sie gerade eben verbunden ist. Walnüsse und Schokoladensplitter unterheben.
4. Gießen Sie den Teig in die gefettete Auflaufform.
5. Setzen Sie den Kochtopf in das Gerät ein.
6. Wählen Sie den Backmodus, stellen Sie die Temperatur auf 350 F und die Zeit auf 40 Minuten ein. Drücken Sie start, um mit dem Vorheizen zu beginnen.
7. Sobald das Gerät vorgeheizt ist, stellen Sie die Auflaufform in den Kochtopf. Mit einem Deckel verschließen und garen.
8. In Scheiben schneiden und servieren.

**Nährwert (Menge pro Portion):**

- Kalorien 362
- Fett 17,9 g
- Kohlenhydrate 48 g
- Zucker 32,4 g
- Eiweiß 5,5 g
- Cholesterin 34 mg

# Einfacher Butterkuchen

Zubereitungszeit: 10 Minuten
Kochzeit: 30 Minuten
Servieren: 8

**Zutaten:**

- 1 Ei, verquirlt
- 1 Tasse Allzweckmehl
- 1/2 Teelöffel Vanille
- 3/4 Tasse Zucker
- 1/2 Tasse Butter, erweicht

**Wegbeschreibung:**

1. Mischen Sie in einer Rührschüssel Zucker und Butter.
2. Fügen Sie Ei, Mehl und Vanille hinzu und mischen Sie, bis sich alles verbunden hat.
3. Teig in eine gefettete Auflaufform gießen.
4. Setzen Sie den Kochtopf in das Gerät ein.
5. Wählen Sie den Backmodus, stellen Sie die Temperatur auf 350 F und die Zeit auf 30 Minuten ein. Drücken Sie start, um mit dem Vorheizen zu beginnen.
6. Wenn das Gerät vorgeheizt ist, stellen Sie die Auflaufform in den Kochtopf. Mit einem Deckel verschließen und garen.
7. In Scheiben schneiden und servieren.

**Nährwert (Menge pro Portion):**

- Kalorien 211
- Fett 10,9 g
- Kohlenhydrate 27,4 g
- Zucker 16,8 g
- Eiweiß 2,2 g
- Cholesterin 45 mg

# Gebackene Donuts

Zubereitungszeit: 10 Minuten
Kochzeit: 15 Minuten
Servieren: 8

## Zutaten:

- 2 Eier
- 1 Tasse Mandelmehl
- 1/4 Teelöffel Backpulver
- 1 1/2 Teelöffel Vanilleextrakt
- 3 Esslöffel Ahornsirup

## Wegbeschreibung:

1. Geben Sie alle Zutaten in eine große Schüssel und mischen Sie sie gut, bis sie glatt sind.
2. Gießen Sie den Teig in die Silikon-Donut-Formen.
3. Setzen Sie den Kochtopf in das Gerät ein.
4. Wählen Sie den Backmodus, stellen Sie die Temperatur auf 320 F und die Zeit auf 15 Minuten ein. Drücken Sie start, um mit dem Vorheizen zu beginnen.
5. Sobald das Gerät vorgeheizt ist, setzen Sie die Donut-Formen in den Kochtopf. Mit einem Deckel verschließen und kochen.
6. Servieren und genießen.

## Nährwert (Menge pro Portion):

- Kalorien 122
- Fett 7,8 g
- Kohlenhydrate 8,2 g
- Eiweiß 4,4 g
- Zucker 4,6 g
- Cholesterin 41 mg

# Erdnussbutter-Muffins

Zubereitungszeit: 10 Minuten
Kochzeit: 20 Minuten
Servieren: 12

### Zutaten:

- 1 Tasse Erdnussbutter
- 1 Tasse Apfelmus
- 1 Teelöffel Backpulver
- 1 Teelöffel Vanille
- 1/2 Tasse Ahornsirup
- 1/2 Tasse Kakaopulver

### Wegbeschreibung:

1. Geben Sie alle Zutaten in den Mixer und pürieren Sie sie, bis sie glatt sind.
2. Gießen Sie die gemischte Mischung in Silikonmuffinformen.
3. Setzen Sie den Kochtopf in das Gerät ein.
4. Wählen Sie den Backmodus, stellen Sie die Temperatur auf 350 F und die Zeit auf 20 Minuten ein. Drücken Sie start, um mit dem Vorheizen zu beginnen.
5. Sobald das Gerät vorgeheizt ist, setzen Sie die Muffinformen in den Kochtopf. Mit einem Deckel verschließen und garen.
6. Servieren und genießen.

### Nährwert (Menge pro Portion):

- Kalorien 178
- Fett 11,3 g
- Kohlenhydrate 17,3 g
- Zucker 12 g
- Eiweiß 6,1 g
- Cholesterin 0 mg

# Erdbeer-Cobbler

Zubereitungszeit: 10 Minuten
Kochzeit: 45 Minuten
Servieren: 6

## Zutaten:

- 2 Tassen Erdbeeren, gewürfelt
- 1 Tasse Milch
- 1 1/4 Tasse Zucker
- 1 Teelöffel Vanille
- 1 Tasse selbstquellendes Mehl
- 1/2 Tasse Butter, geschmolzen

## Wegbeschreibung:

1. Mischen Sie in einer Schüssel Mehl und 1 Tasse Zucker.
2. Milch hinzufügen und mit dem Schneebesen glatt rühren.
3. Vanille und Butter hinzufügen und gut verrühren.
4. Masse in die gefettete Auflaufform geben, mit Erdbeeren bestreuen und mit dem restlichen Zucker bedecken.
5. Setzen Sie den Kochtopf in das Gerät ein.
6. Wählen Sie den Backmodus, stellen Sie die Temperatur auf 350 F und die Zeit auf 45 Minuten ein. Drücken Sie start, um mit dem Vorheizen zu beginnen.
7. Wenn das Gerät vorgeheizt ist, stellen Sie die Auflaufform in den Kochtopf. Mit einem Deckel verschließen und garen.
8. Servieren und genießen.

## Nährwert (Menge pro Portion):

- Kalorien 405
- Fett 16,5 g
- Kohlenhydrate 63,4 g
- Zucker 46 g
- Eiweiß 4 g
- Cholesterin 44 mg

## Zitronen-Muffins

Zubereitungszeit: 10 Minuten
Kochzeit: 15 Minuten
Servieren: 12

### Zutaten:

- 2 Eier
- 1/3 Tasse Butter, geschmolzen
- 1/3 Tasse Swerve
- 1 frische Zitrone Saft
- 1/2 Tasse Joghurt
- 1 Teelöffel Backpulver
- 1 1/4 Tasse Mandelmehl
- 1 Esslöffel Zitronenschale

### Wegbeschreibung:

1. Geben Sie alle Zutaten in den Mixtopf und mischen Sie sie, bis sie gut miteinander verbunden sind.
2. Gießen Sie den Teig in die Silikonmuffinförmchen.
3. Setzen Sie den Kochtopf in das Gerät ein.
4. Wählen Sie den Backmodus, stellen Sie die Temperatur auf 350 F und die Zeit auf 15 Minuten ein. Drücken Sie start, um mit dem Vorheizen zu beginnen.
5. Sobald das Gerät vorgeheizt ist, setzen Sie die Muffinformen in den Kochtopf. Mit einem Deckel verschließen und garen.
6. Servieren und genießen.

### Nährwert (Menge pro Portion):

- Kalorien 135
- Fett 11,5 g
- Kohlenhydrate 3,7 g
- Zucker 0,9 g
- Eiweiß 4,1 g
- Cholesterin 41 mg

# Kapitel 10: 30-Tage-Mahlzeitenplan

**Tag 1**

Frühstück- Leckere gebackene Haferflocken

Mittagessen - Mariniertes Grillhähnchen

Abendessen - Saftige Schweinekoteletts

**Tag 2**

Frühstück- Brokkoli-Blumenkohl-Auflauf

Mittagessen - Saftige Hähnchenschenkel

Abendessen - Würzige Honig-Schweinekoteletts

**Tag 3**

Frühstück- Überbackene Kartoffeln

Mittagessen-Grill Griechisches Huhn

Abendessen-Kräuter-Schweinekoteletts

**Tag 4**

Frühstück- Zucchiniauflauf

Mittagessen - Scharfe Hähnchenflügel

Abendessen-Knuspriges Schweinekotelett

**Tag 5**

Frühstück- Käse-Ei-Auflauf

Mittagessen - Gegrillte Hähnchenbrust

Abendessen-Mexikanisches Steak

**Tag 6**

Frühstück- Knusprige Frühstückskartoffeln

Mittagessen - Gebackene Hähnchenbrust

Abendessen - Asiatische Lammkoteletts

**Tag 7**

Frühstück- Griechische Eier-Muffins

Mittagessen - Knusprige Hähnchentender

Abendessen - Toskanisches Steak

**Tag 8**

Frühstück- Griechische Eier-Muffins

Lunch-Ranch Hähnchenflügel

Abendessen - Kreolische Lammkoteletts

**Tag 9**

Frühstück- Spinat Frittata

Mittagessen-Easy Jerk Chicken Wings

Abendessen - Mariniertes Schweinekotelett

**Tag 10**

Frühstück - Quinoa-Ei-Muffins

Mittagessen - Süße & pikante Hähnchenflügel

Abendessen - Gegrilltes Schweinekotelett

**Tag 11**

Frühstück- Leckere gebackene Haferflocken

Mittagessen-Cajun-Fischfilets

Abendessen - Würziges Südwest-Huhn

**Tag 12**

Frühstück- Brokkoli-Blumenkohl-Auflauf

Mittagessen-Dijon-Lachsfilets

Abendessen-Knoblauch-Senf-Huhn

**Tag 13**

Frühstück- Überbackene Kartoffeln

Mittagessen-geschwärzter Kabeljau

Abendessen-Basilikum-Thymian-Hähnchenbrust

**Tag 14**

Frühstück- Zucchiniauflauf

Mittagessen-Zitronen-Knoblauch-Lachs

Abendessen - Asiatische Hähnchenschenkel

**Tag 15**

Frühstück- Käse-Ei-Auflauf

Mittagessen-Geschmackvolles Mahi Mahi

Abendessen-Kräuter-Hähnchenbrust

**Tag 16**

Frühstück- Leckere gebackene Haferflocken

Mittagessen - Mariniertes Grillhähnchen

Abendessen - Saftige Schweinekoteletts

**Tag 17**

Frühstück- Brokkoli-Blumenkohl-Auflauf

Mittagessen - Saftige Hähnchenschenkel

Abendessen - Würzige Honig-Schweinekoteletts

**Tag 18**

Frühstück- Überbackene Kartoffeln

Mittagessen-Grill Griechisches Huhn

Abendessen-Kräuter-Schweinekoteletts

**Tag 19**

Frühstück- Zucchiniauflauf

Mittagessen - Scharfe Hähnchenflügel

Abendessen-Knuspriges Schweinekotelett

**Tag 20**

Frühstück- Käse-Ei-Auflauf

Mittagessen - Gegrillte Hähnchenbrust

Abendessen-Mexikanisches Steak

**Tag 21**

Frühstück- Knusprige Frühstückskartoffeln

Mittagessen - Gebackene Hähnchenbrust

Abendessen - Asiatische Lammkoteletts

**Tag 22**

Frühstück- Griechische Eier-Muffins

Mittagessen - Knusprige Hähnchentender

Abendessen - Toskanisches Steak

**Tag 23**

Frühstück- Griechische Eier-Muffins

Lunch-Ranch Hähnchenflügel

Abendessen - Kreolische Lammkoteletts

### Tag 24

Frühstück- Spinat Frittata

Mittagessen-Easy Jerk Chicken Wings

Abendessen - Mariniertes Schweinekotelett

### Tag 25

Frühstück - Quinoa-Ei-Muffins

Mittagessen - Süße & pikante Hähnchenflügel

Abendessen - Gegrilltes Schweinekotelett

### Tag 26

Frühstück- Leckere gebackene Haferflocken

Mittagessen-Cajun-Fischfilets

Abendessen - Würziges Südwest-Huhn

### Tag 27

Frühstück- Brokkoli-Blumenkohl-Auflauf

Mittagessen-Dijon-Lachsfilets

Abendessen-Knoblauch-Senf-Huhn

### Tag 28

Frühstück- Überbackene Kartoffeln

Mittagessen-geschwärzter Kabeljau

Abendessen-Basilikum-Thymian-Hähnchenbrust

### Tag 29

Frühstück- Zucchiniauflauf

Mittagessen-Zitronen-Knoblauch-Lachs

Abendessen - Asiatische Hähnchenschenkel

### Tag 30

Frühstück- Käse-Ei-Auflauf

Mittagessen-Geschmackvolles Mahi Mahi

Abendessen-Kräuter-Hähnchenbrust

# Fazit

Ein weiteres revolutionäres Kochgerät kommt aus der Ninja Familie und ist bekannt als Ninja Foodi Grill. Diese multifunktionalen Kochgeräte können nicht nur grillen, sondern auch braten, rösten, backen und sogar Ihre Lieblingsspeisen dehydrieren. Das Gehäuse der Geräte besteht aus rostfreiem Stahl und der obere gewölbte Deckel ist aus Kunststoff gefertigt. Das Zubehör wie Grillrost, Kochtopf, der Knuspertopf sind mit einer keramischen Antihaftbeschichtung versehen. Er arbeitet mit 1760 Watt und erzeugt eine maximale Temperatur von 500°F bis 510°F beim Garen Ihrer Speisen.

Dieses Kochbuch enthält schmackhafte, gesunde und leckere Rezepte, die aus verschiedenen Kategorien wie Frühstück, Geflügel, Rind, Schwein & Lamm, Fisch & Meeresfrüchte, Gemüse & Beilagen, Snacks & Vorspeisen, Dehydratisierung und Desserts stammen. Die Rezepte in diesem Buch sind einzigartig und in einer leicht verständlichen Form geschrieben. Alle Rezepte sind mit ihrer Zubereitungs- und Kochzeit mit Schritt-für-Schritt-Kochanweisungen geschrieben. Die Rezepte in diesem Buch sind am Ende mit ihren Nährwertangaben versehen.

www.ingramcontent.com/pod-product-compliance
Lightning Source LLC
Chambersburg PA
CBHW081346070526
44578CB00005B/743